# A.N.J.O.S.

Editores: *Luiz Saegusa e Claudia Z. Saegusa*
Ilustrações e Capa: *Rui Joazeiro (Traço & Compasso Estúdio)*
Diagramação: *Carlos Eduardo P. de Sousa (Traço & Compasso Estúdio)*
Revisão: *Claudia Z. Saegusa*
1ª Edição: *2015*
Impresso no Brasil | *Printed in Brazil*
Impressão: *Lis Gráfica*

intelítera
Jovem

Rua Lucrécia Maciel, 39 – Vila Guarani
CEP 04314-130 – São Paulo – SP
11 2369-5377

www.inteliterajovem.com.br
facebook.com/inteliterajovem - inteliterajovem.blogspot.com.br

Dados Internacionais de Catalogação na Publicação (CIP)
(Câmara Brasileira do Livro, SP, Brasil)

---

Salles, Adeilson
Anjos / Adeilson Salles; ilustrações Rui Joazeiro. -- São Paulo : Intelítera Editora, 2015.

1. Espiritismo 2. Literatura infantojuvenil
I. Joazeiro, Rui. II. Título.

15-05735 CDD-028.5

---

**Índices para catálogo sistemático:**
1. Espiritismo : Literatura infantil 028.5
2. Espiritismo : Literatura infantojuvenil 028.5

**ISBN 978-85-63808-49-3**

# SUMÁRIO

5 Palavras do autor
7 Aluno novo
15 Os anjos
23 A.N.J.O.S.
29 O amor
37 A primeira missão
43 A história de Andrezinho
53 Na escola
57 Ato único
61 Um sentimento intenso
67 O plano
73 A missão
79 A traição
85 Revelações
91 Até breve

# PALAVRAS DO AUTOR

**Escrever** o primeiro livro da série A.N.J.O.S. foi uma gratificante aventura literária.

Sinto-me "adolescente", feliz pela conclusão do trabalho.

Escrever para jovens foi uma das melhores coisas que descobri em minha vida.

Durante muito tempo, me dediquei à leitura de grandes autores da literatura juvenil nacional para aprender a linguagem, a fim de adequar, através das histórias, a mensagem espírita a esse público tão especial.

Mas eu não queria que o jovem estivesse coadjuvante em uma história para adultos; ao contrário, meu desejo era escrever histórias nas quais o mundo juvenil fosse o pano de fundo da narrativa.

Foi aí que aprendi a primeira lição: nada deve ser imposto ao jovem, mas sim proposto, respeitando sua capacidade e liberdade de raciocínio.

Os A.N.J.O.S. estão espalhados pelo mundo, nas escolas, nas ruas; onde quer que existam jovens, há A.N.J.O.S. em evolução.

Neste primeiro livro da série, a aventura se confunde com ensinamentos espirituais.

Os A.N.J.O.S. da história não são super-heróis, mas jovens comuns.

São como todos os jovens, em virtudes, em suas ânsias e sonhos de querer melhorar o mundo, em suas frustações e dúvidas, mas principalmente na vontade e no desejo de amar e aprender.

Alemão, Nina, Jéssica, Otelo e Sócrates são cinco adolescentes como você, jovem leitor, que irá descobrir que a vida é muito mais do que os olhos veem.

Desejo que nos encontremos em novos livros. Acreditem nos seus sonhos, jovens "A.N.J.O.S." em evolução.

Até breve!

*Adeilson Salles*

# ALUNO NOVO

"TODOS OS DIAS QUANDO ACORDO
NÃO TENHO MAIS O TEMPO QUE PASSOU
MAS TENHO MUITO TEMPO
TEMOS TODO O TEMPO DO MUNDO..."

RENATO RUSSO

Segunda semana de aula, segundo semestre...

Desde o começo do ano, quando ele veio transferido de outra escola, a imagem do garoto não saía da cabeça dela.

Não foi difícil ele se popularizar na escola. Os conhecimentos em informática, mais sua capacidade criativa fizeram com que os professores também o respeitassem. Inteligente, falava bem, logo foi eleito o representante da classe no grêmio estudantil.

Engraçado, Jéssica podia jurar que já o conhecia de algum lugar.

Sentia aquela estranha sensação sempre que o via, o sentimento de conhecer a pessoa sem lembrar-se de onde. Com relação àquele garoto, isso lhe ocorria com certa frequência.

Um sentimento forte, intenso, explodia dentro dela, e só existia uma certeza: "Ela conhecia aquele garoto".

Desde o começo do ano letivo, chamou a atenção dela e das amigas.

É claro que os meninos da classe também ficaram observando o novato. E em breve tempo, o garoto com nome de filósofo liderava a turma.

O sinal de início da primeira aula toca e ele continua sendo o centro das atenções de Jéssica.

Parou na porta de entrada da classe, olhou para todos os lados procurando uma carteira vazia. Na classe ninguém guardava lugar certo.

Automaticamente ela olha em volta para encontrar um lugar para ele.

O coração de Jéssica bate mais rápido quando percebe que a única carteira vazia era a que estava ao seu lado. Coração desobediente o dela, batia forte pra quem ele queria, sem ao menos pedir licença.

Nina, sua melhor amiga, percebendo a inquietação, olha para ela e pisca maliciosamente.

Sócrates caminhou em direção à carteira ao lado dela. Eles já tinham se falado algumas vezes, trocado alguns olhares, mas nunca fizeram nenhum trabalho em grupo.

Antes de ele sentar, os olhares se cruzam. Jéssica fica paralisada.

Ele sorriu...

Ela tremeu...

Ele disse: – Oi!

Ela não conseguiu responder.

Ficou fora de órbita, ele era muito lindo!

A surpresa aumentou quando ele, inesperadamente, aproximou-se e beijou-a no rosto dizendo:

– Oi, Jéssica, tudo bem?

Ela pensou: "Quem ele pensa que é pra me beijar assim, sem pedir licença? Mas bem que esse beijo podia ter demorado mais".

E, quase num sussurro, respondeu:

– Oi... Sócrates!

QUEM UM DIA IRÁ DIZER...

O mais estranho daquele encontro foi algo que ela sentiu, ou viu, não sabia explicar. No momento em que ele beijou seu rosto, estranha sensação lhe invadiu o ser, parecia ter passado um filme dentro da sua cabeça.

Um filme em que os dois eram os personagens, mas um filme estranho, tinham corpos diferentes, parecia outra época.

Tinha certeza de que eram os dois. Ficou confusa demais. Do mesmo jeito que a imagem surgiu em sua mente, desapareceu quase que instantaneamente.

Já havia sentido sensações semelhantes em outras ocasiões, não muitas. Uma vez, passando férias em Santos, foi convidada a conhecer a pinacoteca Benedicto Calixto. Nunca tinha estado lá antes.

Que estranha emoção sentiu ao tocar alguns objetos daquele ambiente. Nos primeiros dias do fato, procurou explicações para aqueles estranhos fenômenos. Mas deixou para lá. Por um tempo, nunca mais voltou a sentir tais coisas. Pelo menos até o instante em que encontrou aquele garoto.

Uma vez também, no MASP, onde ela viu um homem estranho em uma exposição. Mas a sensação com o aluno com nome de filósofo era marcante.

Por alguns segundos que pareceram horas, Jéssica permaneceu mergulhada nos próprios pensamentos. Voltou à realidade quando sua amiga, Nina, se aproximou. Segurando em seu braço, disse:

– Oi, Sócrates... Oi, Jéssica!

Ele se antecipou e beijou-a no rosto:

– Oi, Nina, tudo certo?

– Tudo! Atrapalho vocês?

Ficou sem resposta.

Nina cutucou Jéssica com o cotovelo. Trazendo-a de volta à realidade, quebrou o encantamento que havia tomado conta dela.

Foram interrompidos pela entrada do professor. Todos sentaram-se para o início da aula.

Era aula dupla. Minutos depois, por mais que Jéssica tentasse, não conseguia se concentrar nas mitocôndrias e citoplasmas de que tanto o professor falava.

Ela sempre foi boa aluna, a galera de classe costumava lhe pedir ajuda, principalmente em matemática e química.

Mas naquele dia ficara alheia, era tudo muito estranho, nunca havia sentido nada igual em seu coração. Aquele beijo no rosto tinha mexido com ela.

Depois de conviver um semestre inteiro admirando aquele garoto, um simples beijo no rosto deixou-a balançada.

A aula se arrastava para ela, células, citoplasmas e núcleos, nada a interessava.

Os ponteiros do relógio caminhavam tediosamente, finalmente a aula dupla de biologia chegou ao fim.

No momento em que o sinal de término de aula toca, o pessoal costuma sair de suas carteiras se espalhando pela classe. Uns trocam a cadeira pela carteira sentando-se descontraidamente. Até que o professor da próxima aula entre na classe, ainda rolam uns cinco minutos de papo. Normalmente nos intervalos de aula, Jéssica senta sobre a carteira da Nina e elas ficam conversando. Mas aquele garoto a inibia, ela ficou em seu lugar, esperando pela aula de química da professora Alice.

A professora Alice era uma pessoa muito legal, do bem mesmo, muito amiga de todos. Qualquer problema, os alunos a procuravam, pois ela era muito acessível e presente na vida dos alunos.

As meninas e os meninos a buscavam mesmo fora da escola; ela sempre tinha palavras certas nos maus momentos. Quando a barra pesava com os pais, namorados ou outra situação qualquer, ela estava lá com as mãos estendidas e os ouvidos preparados para escutar todo mundo.

Nas vezes em que Jéssica conversou com Alice, a professora lhe disse que ela tinha dezesseis anos de corpo, mas uma mente milenar. Alice sempre tinha grandes papos, Jéssica compreendeu menos ainda o que sentiu quando aquele garoto com nome de filósofo se aproximou dela e a beijou.

Ele não lhe era estranho, ela tinha certeza de que já o conhecia de algum lugar. Mas de onde?

– Vamos usar a tabela periódica! – avisou a professora.

Ela ouviu a voz de Alice bem ao seu lado.

– E então, Jéssica? Vai voltar para o planeta Terra?

Nina, que sorria com a situação desconcertante em que a amiga se encontrava, disse:

– Não é nada não, professora, ela só estava filosofando mentalmente!

Desconcertada, Jéssica fuzilou Nina com o olhar enquanto a classe toda ria.

Ela disfarçou e olhou para o lado; lá estava ele, o "filósofo", mexendo com o coração e a mente dela.

Sem jeito, pegou a tabela periódica e tentou fazer os exercícios de química, mas, por mais que tentasse, nada de massa atômica. "Aquele garoto provocou uma grande reação química em meu coração". Pensava olhando para ele.

A aula demorou, mas o sinal do intervalo tocou e Nina foi falar com a amiga:

– Cuidado. – disse com jeito engraçado. – Tá dando na vista!

– O que tá dando na vista?

– Sua paixão socrática! Desde o começo do ano, você não tira os olhos do garoto.

– Nina!!! – disse entre os dentes. – Para com isso!

Ele se aproximou das duas tentando conversar.

– Sempre fui fraquinho em química... No primeiro semestre fiquei a perigo nessa matéria.

– Relaxa! Com a professora Alice, todo mundo aprende. – respondeu Nina.

Nesse momento se aproximam Alemão e Otelo.

– E aí, galera? – cumprimentou Alemão beijando as duas amigas.

– E aí, geral? – saudou Otelo fazendo o mesmo.

– Aonde iremos nos reunir hoje à tarde para fazer o trabalho de física? – perguntou Otelo para as meninas.

– Na minha casa não dá! – afirmou Nina.

Todos estranharam as palavras de Nina, pois ela sempre se esquivava de levar os amigos à casa dela. Quando se falava em trabalho em grupo, Nina era a primeira a se esquivar.

– Podemos fazer na minha casa, pessoal! – ofereceu Alemão.

– A gente tem que fazer o trabalho de qualquer jeito, então que seja logo. Por mim tudo bem, podemos fazer na sua casa, Alemão. – afirmou Jéssica.

Todos concordaram.

– E então, Sócrates, já tem grupo para o trabalho de física? – quis saber Nina.

– Não tenho não!

– Agora você já tem! Participe do nosso. Se quiser, é claro! – convidou Otelo.

– É claro que eu aceito, vai ser uma força para mim. Semestre passado fiquei no grupo do Leonardo, tava a fim de mudar de grupo. Sabe como é, não rolou uma afinidade legal.

– Essas coisas são assim mesmo. Estamos combinados, às 3 da tarde na casa do Alemão. Você sabe onde é? – indagou Otelo.

– Me dá uma dica!

– Fica perto da biblioteca municipal, ali na Rua Duque de Caxias, 182...

– Ah...! Já sei onde é, pode deixar!

– Combinado, às 3 horas a gente se vê!

– Pessoal, o Otelo vai estrear uma peça teatral, vocês sabiam? – avisou Alemão.

– Nossa! Que máximo! – admirou-se Jéssica.

– Qual título? – perguntou Jéssica.

– É uma peça teatral infantojuvenil premiadíssima, da grande dramaturga Maria Clara Machado, chama-se "Pluft, o Fantasminha". – explicou Otelo.

– E quando vai ser a estreia? – indagou Sócrates.

– Ainda não temos data, mas será em breve, estamos ensaiando, aviso vocês para a estreia. Mas tem gente escondendo as coisas também.

– Quem? – interessou-se Alemão.

–Tem certa garota que vai participar do campeonato paulista de taekwondo. Vocês sabiam? – revelou Otelo, apontando para Nina.

– Uau! – exclamou Jéssica admirada. – Ia esconder isso da gente até quando, Nina?

Encabulada, Nina respondeu sem jeito:

– Fiquei com vergonha...

– Quero prestigiar você nesse torneio. – afirmou Sócrates.

Todos disseram a mesma coisa. As brincadeiras continuaram por alguns minutos até que...

Otelo, atento aos olhares que Jéssica endereçava a Sócrates, deu tchau pra turma e saiu cantando:

– "Quem um dia irá dizer que não existe razão..." [1]

Todos se entreolharam e riram.

Jéssica beliscou Nina e saiu pisando duro, puxando a amiga pelo braço.

---

1. Legião Urbana – Eduardo e Mônica

# OS ANJOS

Mais tarde...

Sócrates e Otelo chegam juntos ao portão da casa do Alemão e se cumprimentam:

– E então, Sócrates, foi difícil acertar o endereço?

– Foi tranquilo, sua dica facilitou a localização.

– De manhã, lá na escola, vocês brincaram comigo por causa do teatro e com a Nina, pelo torneio de taekwondo, mas nos esquecemos de falar do Alemão.

– Ouvi dizer que ele é fera no judô, é verdade?

– É sim, Sócrates, o Alemão é um cara discreto, mas em pouco tempo irá participar das seletivas para os próximos jogos Pan-Americanos.

– Muito bom! Esse grupo bem que poderia partir para alguns projetos maiores.

– Como assim?

– Nada demais, só pensei alto!

– Que papo é esse, Sócrates?

– Nada não, logo a gente fala sobre uma ideia que eu quero pôr em prática há muito tempo. Quem sabe não chegou a hora?

–Tudo bem! No momento certo você fala.

Otelo toca a campainha e o Alemão vem recebê-los sorridente.

–Vamos entrando, a Jéssica e a Nina já chegaram!

– Ok! Vamos lá! – Sócrates responde enquanto Otelo concorda meneando a cabeça.

Eles entram e, por uma escada estreita, sobem até um cômodo na parte superior da casa.

– Nossa! Que lugar legal esse aqui! – admira-se Sócrates.

– É um sótão, aqui ninguém incomoda. – afirmou Alemão sorrindo.

– Quem olha lá da rua nem imagina esse sótão. – completa Otelo.

As meninas recebem os recém-chegados com beijos no rosto.

Jéssica, mais uma vez, sente em seu coração a forte impressão de conhecer Sócrates de outra época.

– Pessoal, vamos dividir as tarefas? – indaga Jéssica.

– Por mim tudo bem. – concorda Nina dando de ombros.

Os outros aceitam balançando a cabeça.

Jéssica assume a liderança e relata o trabalho a ser feito:

– O prof. Aurélio, de física, pediu para pesquisarmos sobre o MRU – Movimento Retilíneo Uniforme – nas situações do dia a dia, na nossa rotina de vida.

Sócrates coçou a cabeça dizendo:

– Puxa! Esse assunto é muito maçante!

– É nada, vamos dividir as tarefas e tudo fica fácil! – alertou Alemão.

– Como vai se chamar o nosso grupo? – questiona Otelo de mão no queixo.

– *The Wizard's?* – sugeriu Nina rindo.

– Que nada, nome em inglês não tá com nada. – resmungou Otelo.

Contrafeita pela opinião do amigo, Nina provocou:

– Esse pessoal Tupiniquim não quer sair da tribo mesmo!

– Olha só quem tá falando, pessoal! Ela quer americanizar nosso grupo. – Alemão desdenhou.

– Não é isso, só quero um nome diferente... Vamos criar algo legal.

Quem sabe a gente possa criar um grupo não apenas para os trabalhos da escola.

Sócrates, que ouvia tudo até então, sugeriu:

–Vou anotar o nome de cada um no papel e suas sugestões. Aí a gente vota, vamos lá... Alemão, qual vai ser o nome do grupo?

– *Os Nerds*...

– Olha o outro querendo americanizar também... – resmungou Otelo. – Nome em inglês não vale.

– Então não sei o que dizer... – reclamou Alemão.

– E você, Otelo? O que sugere? – provocou Nina.

–"Os Karas", que tal? Li esse nome num livro do escritor Pedro Bandeira!

– Assim não vale, "Os Karas" é uma série de livros para adolescentes, não gostei da sugestão. – emburrou Jéssica.

Com nomes listados na vertical, no papel em que anotava, Sócrates observou:

**A**.lemão

**N**.ina.

**J**.éssica

**O**.telo.

**S**.ócrates

–Vejam que interessante! Nosso grupo pode se chamar A.N.J.O.S.!

– Como assim? A.N.J.O.S.? – questionou Otelo.

– Alemão, Nina, Jéssica, Otelo e Sócrates. O que vocês acham? As iniciais dos nossos nomes formam a palavra ANJOS.

– Nossa!!! É linda a sua sugestão! – concordou Jéssica.

– Sócrates, sua dica é muito legal! – afirmou Alemão e prosseguiu. – Podemos manter esse nome em todos os trabalhos daqui pra frente, em todos os trabalhos em grupo, é claro.

– Isso mesmo! A.N.J.O.S.!!! Muito bom! – concordou Nina esquecendo sua sugestão americanizada.

Todos riram e, puxados por Jéssica, colocaram a mão direita uma sobre as outras, e, contando até 3, gritaram:

– A.N.J.O.S.!!!

– Poderíamos manter esse grupo para outras atividades, o que vocês acham?

– Que atividades, Sócrates? – questionou Jéssica.

– Ajudar outros jovens em situações de risco, por exemplo!

– Opa! Isso está começando a me interessar! – afirmou Alemão puxando uma cadeira próxima, sentando-se ao contrário e colocando o peito no encosto.

– Explique isso melhor, Sócrates! – pediu Nina.

– Acho que um grupo como esse não está junto apenas pra estudar. Podemos unir nossas forças pra ajudar outros adolescentes em situação de risco. Todos aqui reúnem características interessantes para formação de um grupo juvenil secreto.

– Que tipo de situação de risco??? – perguntou Otelo de mão no queixo.

– Tipo drogas e outras coisas mais. Existem amigos nossos que estão entrando numa roubada, por problemas que os A.N.J.O.S. poderiam ajudar a resolver. Ou pelo menos tentar ajudar na solução.

– E como faríamos isso? É arriscado! – afirmou Nina.

– Agiríamos secretamente, a identidade do nosso grupo não pode ser revelada. – enfatizou Sócrates.

– Que massa!!! – alegrou-se Alemão.

– Se decidirmos agir dessa forma, podemos correr muitos riscos... – enfatiza Otelo.

– É por isso que nossa identidade não pode ser revelada. O segredo de quem são os A.N.J.O.S. é a garantia da nossa segurança! Eu sonhava em criar um grupo assim há muito tempo, mas não sentia confiança na outra turma. Sinto que posso contar com vocês. Muitos jovens estão se perdendo sem direção. Acho que ser do bem é um grande barato. Os A.N.J.O.S. devem ser um grupo juvenil de apoio aos jovens.

– Apoiado, Sócrates... Apoiado... – emocionou-se Otelo.

– Precisamos criar um código secreto, uma maneira de nos comunicarmos se surgir algum momento de perigo. Uma linguagem só nossa! – afirmou Jéssica sem tirar os olhos de Sócrates.

– Uma perguntinha... – Nina pede para falar.

A.N.J.O.S.!!!
Legi
A

– O que foi, Nina? – quis saber Otelo.

– Quem vai ser o líder?

Todos olharam para Sócrates ao mesmo tempo.

– Acho que ninguém tem dúvidas sobre isso. – avisou Otelo sorrindo.

– Posso ser o líder, mas não devo decidir tudo sozinho. Eu decido apenas nos momentos de emergência, quando não houver possibilidade de ouvir todos os A.N.J.O.S.... Quando estivermos reunidos, votaremos em conjunto as decisões.

– E se empatar? Afinal somos quatro mais você, seu voto como líder decide? – quis saber Alemão.

– Se empatar ouviremos o argumento das meninas pra decidir. As mulheres são mais ponderadas e intuitivas que os homens. Meu voto será dado após ouvir os argumentos delas. – disse Sócrates sorrindo.

– Não concordo! – bradou Otelo. – Elas vão decidir?

– É sempre bom ouvir a sabedoria feminina. Depois de ouvi-las, votamos novamente. O que vocês acham?

– Eu concordo! – afirmou Alemão.

–Tudo bem, vai! As mulheres primeiro... – aceitou Otelo sorrindo.

– Então, tá decidido...

– E o código secreto, Sócrates? Como vai ser? – Jéssica indaga de olhos fixos nos olhos dele.

– Podemos usar números que correspondam às letras. – ele disse de olhos fixos nos olhos delas.

– Como assim, Sócrates? Explique pra gente como isso funciona! – indaga Nina.

Sócrates pega um pedaço de papel e escreve:

– 1A, 2B, 3C, 4D, 5E, 6F, 7G, 8H, 9I, 10J, 11K, 12L, 13M, 14N, 15O, 16P, 17Q, 18R, 19S, 20T, 21U, 22V, 23W, 24X, 25Y, 26Z. Quando precisarmos nos reunir secretamente e recebermos essa combinação numérica como aviso, – 1-14-10-15-19 –, é nossa senha secreta, reunião urgente. Os números devem ser sublinhados a cada palavra.

– 1-14-10-15-19 é a palavra A.N.J.O.S.? – pergunta Otelo coçando o queixo.

– Isso mesmo, Otelo! Esses números indicam que devemos nos reunir o mais rápido possível. – alertou Sócrates.

– Mas é bem difícil guardar esse código. Que chato! – reclamou Nina.

Sorrindo, Sócrates avisou:

– Nina, precisamos criar o mínimo de dificuldades, caso contrário, qualquer pessoa pode descobrir o nosso código e dificultar a nossa comunicação em situações de risco. Basta contar as letras do alfabeto, cada uma tem seu número específico. Entendeu?

–Tem razão! – Nina concordou sem graça.

– Precisamos apenas associar o alfabeto aos números. Assim que fizermos isso, tudo fica fácil. – avaliou Alemão.

–Todos concordam? – indagou Sócrates.

Unanimemente todos balançaram a cabeça positivamente.

– A segurança de todos depende da lealdade de cada um. – sentenciou Jéssica.

– Só mais uma pergunta... – interveio Nina. – Onde iremos nos reunir nas emergências?

– Alguma sugestão? – Sócrates indagou olhando pra todos.

– Podemos nos reunir aqui mesmo, nesse sótão. – sugeriu Alemão.

– Mas, e se as reuniões acontecerem em horários variados, tipo de madrugada? E a sua mãe? – questionou Otelo.

– Minha mãe não vem a esse sótão. É possível que venha aqui hoje nos trazer um lanchinho, mas esse canto é meu desde a morte do meu pai; eu e ela temos um acordo. E mais uma coisa, vejam isso. – Alemão abre um enorme baú que estava no canto do quarto e todos se surpreendem. O baú tinha fundo falso, dentro dele havia uma escada de corda que, quando estendida, descia até o quintal. Podia-se entrar no sótão a qualquer hora sem passar pelo interior da casa. Quando a corda estava recolhida dentro do baú com a tampa fechada, ninguém suspeitava de que ali existisse uma entrada secreta.

– Quem bolou isso, Alemão? – perguntou Jéssica.

– Foi o meu velho que criou esse mecanismo antes de morrer. Fez pra brincar comigo, mas ele morreu quando eu tinha apenas um ano de idade. Ele sabia que toda criança adora histórias de passagens secretas e essas coisas. Quando quero pensar nele, venho pra cá, meu coração fica feliz aqui. Lá embaixo, próximo ao muro, tem uma alavanca escondida atrás da roseira. Basta acionar que a escada de corda cai, aí fica fácil, é só subir até o sótão. Quando marcarmos reunião, quem chegar primeiro pode subir para o sótão.

– Perfeito! – sorriu Sócrates. – Todos concordam?

– Sim! – disseram numa única voz.

– Então esse sótão fica sendo o nosso ponto de encontro, a toca dos A.N.J.O.S., aqui tomaremos decisões. Tenho certeza de que não vai demorar muito para aparecer o primeiro jovem precisando de ajuda. – posicionando a mão direita espalmada em cima da mesa onde escrevera minutos antes, Sócrates foi dizendo os nomes e todos foram colocando a mão direita sobre a dele. – Alemão, Nina, Jéssica, Otelo, Sócrates.

Ao final, todos disseram em uma só voz:

– A.N.J.O.S.!

– Vamos fazer o trabalho de física? – Jéssica indagou e começou a dividir as atividades. – Alemão e Otelo pesquisam material na internet. Eu, Sócrates e Nina vamos pesquisar nos livros.

Felizes e conscientes do que iriam fazer daquele momento em diante, todos concordaram iniciando as atividades escolares.

Enquanto as tarefas iniciavam, Otelo cantarolava:

"Meu amor, disciplina é liberdade
Compaixão é fortaleza
Ter bondade é ter coragem
Lá em casa tem um poço
Mas a água é muito limpa..."
(Há tempos – Legião Urbana)

# A.N.J.O.S.

**Grupo Juvenil de Apoio aos Jovens**

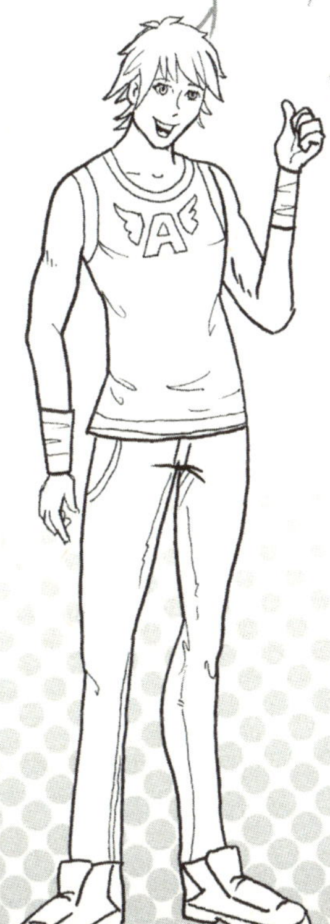

## A.lemão

Nome: Anderson Lima de Almeida

Idade: 16 anos

Estudante do Colégio Monteiro Lobato

Esporte: Natação e Judô

Hobby: Ler e ouvir música

Habilidade natural: Capacidade incomum para imitar vozes humanas

Habilidade desenvolvida: Mergulho sem equipamento

# N.ina

Nome: Eliana Martins Donato

Idade: 17 anos

Estudante do Colégio Monteiro Lobato

Esporte: Taekwondo

Hobby: Ler, tocar flauta e ouvir música

Habilidade natural: Agilidade e frieza

Habilidade desenvolvida: Artesanato

# J.éssica

Nome: Jéssica Heráclito Fortuna

Idade: 16 anos

Estudante do Colégio Monteiro Lobato

Esporte: Vôlei

Hobby: Ler, ouvir música, passear

Habilidade natural: Psicometria – capacidade sensorial segundo a qual o sensitivo, posto em contato com objetos, pessoas ou lugares relacionados a acontecimentos passados, sintoniza-se de tal maneira com o clima psicológico em que esses acontecimentos ocorreram, que se torna capaz de descrevê-los com assombrosa precisão.

Habilidade desenvolvida: Fala inglês e espanhol

# O.telo

Nome: Luiz Otelo Prado

Idade: 17 anos

Estudante do Colégio Monteiro Lobato

Esporte: Ciclismo e capoeira

Hobby: Ouvir Legião Urbana, fazer teatro, ler, tocar violão

Habilidade natural: Grande capacidade para dramatizar

Habilidade desenvolvida: Versatilidade em disfarces

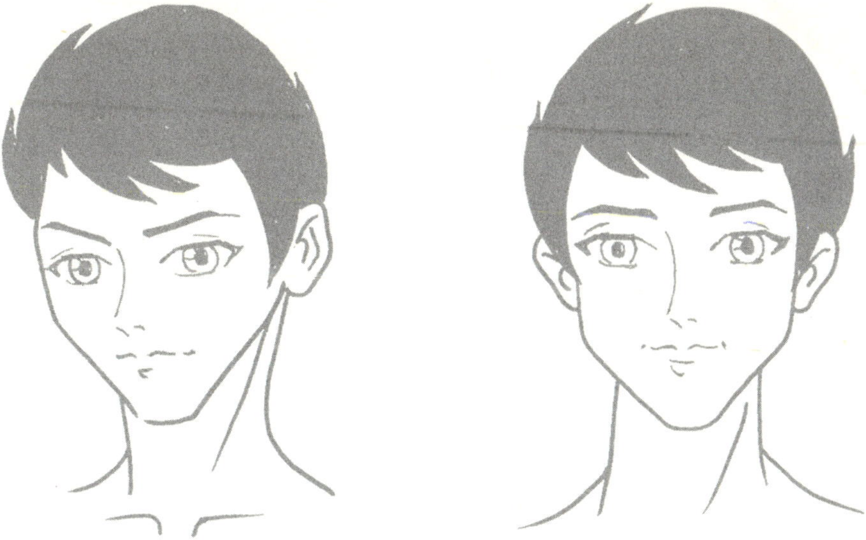

# S.ócrates

Nome: Sócrates Praxedes Altamirando

Estudante do Colégio Monteiro Lobato

Esporte: Tênis de mesa e Basquete

Hobby: Ler, ouvir música

Habilidade desenvolvida: Grande domínio de Informática

# O AMOR

– Acho que o trabalho ficou bom. – afirmou Jéssica.

–Também acho! – concordou Nina.

– Com licença, meninos e meninas!

– Pode entrar, mãe! – avisa Alemão.

Dona Rita entra no sótão trazendo uma bandeja com suco de abacaxi e biscoitos para um lanche.

– Obrigado, dona Rita! – agradece Otelo já avançando nos biscoitos.

– Já terminaram o trabalho?

– Já, mãe, terminamos sim!

–Vou deixar a bandeja aqui, fiquem à vontade para comer e tomar o suco.

– Obrigado, dona Rita! – agradeceu Sócrates, servindo um copo para Jéssica.

– Obrigada, Sócrates! – agradeceu sem tirar os olhos dele.

– Nossa, Alemão! Sua mãe é muito bonita! – admirou-se Nina.

– É bonita mesmo. – concordou Sócrates.

– Obrigado! Todo mundo que a conhece elogia a beleza dela.

– Faz muito tempo que seu pai morreu? – indagou Otelo.

– Faz quinze anos. Foi um golpe duro pra gente, principalmente... pra ela.

—Vamos parar de falar sobre coisas tristes? – convidou Jéssica.

—Tá certo, Jéssica! Mas não me importo de falar sobre meu pai. Tenho muito orgulho dele.

– Pessoal, tá na minha hora, preciso ir, ainda vou pra academia treinar! – avisou Nina bebendo todo o copo de suco de uma única vez.

– Espere, eu vou com você! – disse Jéssica.

– Já vai? Que pena! – lamentou Sócrates.

– Pena por quê? – interessou-se Nina.

– Eu ia convidar a Jéssica pra ir comigo, queria passar pela biblioteca municipal para pegar uns livros que estou precisando.

– Ela vai, sim! – Nina cutucou a amiga.

– Quem vai embora sou eu, valeu galera! Tenho aula de capoeira daqui a pouco! Té mais... – despediu-se Otelo cantarolando enquanto olhava para o casal Sócrates e Jéssica:

*"Ela passou do meu lado*
*Oi, amor – eu lhe falei*
*Você está tão sozinha*
*Ela então sorriu pra mim*

*Foi assim que a conheci*
*Naquele dia junto ao mar*
*As ondas vinham beijar a praia*
*O sol brilhava de tanta emoção*
*Um rosto lindo como o verão*
*E um beijo aconteceu"*

(Legião Urbana – Hoje a noite não tem luar)

– Chega de brincadeira, Otelo! Para com isso! – Jéssica ralhou com o amigo.

Entrando no clima da brincadeira, Alemão usou o código dos A.N.J.O.S. para provocar Jéssica. Escreveu os números, em tamanho grande, em uma folha de papel e mostrou pra turma toda.

– O amor não é lindo? Vejam 9-12-15-22-5-25-15-21.

– O quê? *I love you?* Se fosse comigo eu não admitiria... – sorrindo, Otelo foi saindo.

Jéssica estava ruborizada.

Sócrates sorria discretamente.

– Acho que está na hora de ir, vamos, Jéssica?

– Vamos sim, Sócrates, o ambiente está ficando desagradável. – disse isso rindo das brincadeiras.

Alemão ainda ficou conversando com a Nina enquanto os outros A.N.J.O.S. foram embora.

Na rua, Sócrates e Jéssica resolveram caminhar até a biblioteca, que não era muito longe dali.

Durante alguns minutos, os dois caminharam lado a lado sem trocar uma palavra.

Chegando a uma praça próxima, sentaram-se em um banco.

Sócrates começou a cantar a música cuja letra ambos conheciam. A mesma que Otelo cantou para mexer com Jéssica minutos atrás. Sócrates cantou sozinho apenas a primeira estrofe. Mergulhados um nos olhos do outro, ela também começou a cantar e ambos cantaram juntos "Hoje a noite não tem luar".

*"Ela passou do meu lado*
*Oi, amor - eu lhe falei*
*Você está tão sozinha*

*Ela então sorriu pra mim*
*Foi assim que a conheci*
*Naquele dia junto ao mar*
*As ondas vinham beijar a praia*
*O sol brilhava de tanta emoção*
*Um rosto lindo como o verão*

*E um beijo aconteceu*
*Nos encontramos à noite*
*Passeamos por aí*
*E num lugar escondido*
*Outro beijo eu lhe pedi*

*Lua de prata no céu*
*O brilho das estrelas no chão*
*Tenho certeza que não sonhava*
*A noite linda continuava*
*E a voz tão doce que me falava*
*O mundo pertence a nós*

*E hoje a noite não tem luar*
*E eu estou sem ela*
*Já não sei onde procurar*
*Onde está meu amor?"*

Ao final da música, permaneceram se olhando, magnetizados, em silêncio, olhos parados, coração aos pulos.

Delicadamente, Sócrates tocou o rosto dela, a ternura do momento era o toque de vida dado pelo amor a transbordar daqueles corações juvenis. Os lábios foram se aproximando, como se guardados estivessem até então, um à espera do outro. Encaixaram-se romanticamente, tocaram-se com tal delicadeza que o beijo se fez poesia. A rima mais perfeita do amor, a batida de dois corações no mesmo compasso: apaixonados.

Durante o beijo, Jéssica mentalmente se viu beijando Sócrates em outra época, era ele mesmo, mas os corpos eram outros, com outra idade. Um turbilhão de pensamentos arrebatou-a pra longe dali.

Após o beijo, respiração ofegante de ambos, as ideias voltaram a se coordenar.

– Não sei explicar, mas já vivemos isso antes!

– Fico confuso... não entendo isso... sinto que é algo forte dentro de mim, mas não tenho essa certeza que você tem!

– Quando vi você na classe pela primeira vez, fechei meus olhos e pude ver algumas imagens. Fiquei confusa, atordoada... mas agora durante o beijo, as cenas se repetiram em minha mente. Vi-me beijando você em outra época... Tenho certeza disso.

– É estranho o que você diz, você sabe me explicar o que é?

– Já conversei com a professora Alice sobre essas imagens que vejo. Ano passado, fomos levados pela professora de artes pra ver a exposição do conhecido escultor francês, Auguste Rodin, no MASP, em São Paulo. Você não imagina o que aconteceu.

– Estou curioso pra entender esse assunto, o que houve?

– Caminhávamos por entre as obras, quando comecei a sentir algumas coisas estranhas. Vi um homem ao lado das esculturas, a figura dele me chamou atenção pelo fato de as roupas que ele usava serem bem diferentes das que se usam hoje em dia. Sem contar que ele tinha algumas ferramentas nas mãos, vi aquele homem bater com as ferramentas em uma escultura. Percebi que ninguém enxergava o que eu via, no mesmo momento corri pra rua. Nina veio atrás, tentei me explicar, mas ninguém acreditou no que eu disse.

– O que foi que a professora Alice falou a respeito?

– Pelo menos ela não riu de mim, disse que fatos assim podem acontecer com algumas pessoas...

– Como assim?

– Pessoas com determinadas características sensoriais...

– Tipo?

– Médiuns de psicometria...

– Nossa! Médiuns? Não sei nada sobre isso...

– Pesquisei muita coisa na internet, esses fatos ocorrem mesmo. Na *net* tem muita coisa relatada. A professora Alice me disse que esse tipo de sensibilidade pode fazer com que o sensitivo veja ou sinta cenas e situações ligadas a determinados objetos, pessoas ou lugares. É como se o médium captasse as energias que impregnam o objeto, a energia das pessoas que tiveram contato com esse objeto, entendeu?

– É uma coisa muito louca. Você não tem medo disso?

– Já tive, agora nem ligo mais... fico na minha... Se vejo algo, ou sinto, tento levar numa boa sem olhar como algo sobrenatural. Como outras pessoas no mundo já passaram por isso, não sou uma aberração. Aprendi a lidar com essa sensibilidade, ou qualquer nome que se dê. A professora Alice diz que a gente só tem medo daquilo que não conhece. Ela me aconselhou muito e me esclareceu.

– Isso é verdade! A professora parece ser bem legal, mas sempre falei com ela superficialmente.

– E é mesmo! Ela me emprestou alguns livros bem interessantes...

Sócrates a interrompe.

– Preciso me aproximar mais dela.

– Você vai gostar dela, pode apostar! Eu dizia que ela me emprestou alguns livros muito legais sobre esses assuntos paranormais. Depois te empresto, se você quiser, é claro! Algumas pessoas têm preconceito com esses assuntos.

– Legal, vou gostar de ler, mas na verdade estou gostando mesmo é da aluna sensível da professora Alice!

Ambos riram e voltaram a se beijar.

De mãos dadas, foram para a biblioteca, onde Sócrates pegou alguns livros didáticos emprestados.

# A PRIMEIRA MISSÃO

Fazia cinco minutos que a aula de geografia tinha começado e os A.N.J.O.S. estranhavam a ausência do Alemão.

O professor Jorjão falava sobre clima e previsão do tempo, a classe estava ligada no que ele dizia:

– O aquecimento global é provocado pelas agressões do homem à natureza, fazendo com que o clima se torne cada vez mais instável...

– Com licença, professor Jorjão? – Alemão interrompe da porta da sala de aula.

– Acho que o aquecimento global. – afirmou o professor. –Também está afetando o relógio de alguns alunos que andam perdendo a hora da aula.

A classe toda caiu na gargalhada.

– Desculpe, professor Jorjão, é que...

– Não perca tempo gastando seu latim, Sr. Anderson Lima de Almeida, vulgo Alemão... Pode participar da aula, mas não atrapalhe seus colegas, sim? Caso contrário, para o senhor, o clima estará sujeito a chuvas e trovoadas. Entendeu?

– Pode deixar, professor... – E, sem graça, cumprimentou os colegas.

– Com licença. Bom dia, turma!

A aula transcorreu com alegria e bom humor como eram as aulas do professor Jorjão.

Assim que tocou o sinal de encerramento, Alemão passou discretamente pelos colegas e mostrou a palma de sua mão, onde estava escrito o código com caneta vermelha: 1-14-10-15-19.

Todos entenderam que era a senha para a reunião secreta dos A.N.J.O.S., algo tinha acontecido.

Ao final da aula, cada um dos A.N.J.O.S., mantendo o comportamento absolutamente normal e rotineiro de como se fossem para suas casas, saiu da escola com discrição e foi para a toca dos A.N.J.O.S..

Minutos depois...

Aos poucos foram chegando. Os últimos a entrarem no sótão foram Sócrates e Jéssica.

Sócrates visualizou a presença de todos e disse:

– Essa é a nossa primeira reunião como A.N.J.O.S., tenho certeza de que todos sabem da responsabilidade que estamos assumindo; por isso, como líder indicado pelos outros A.N.J.O.S., dou por iniciada essa nossa reunião. Nina?

– Oi, Sócrates, pode falar...

– Por favor, anote todos os pontos importantes que forem relatados pelos A.N.J.O.S....

– Pode deixar, vou anotar tudo.

– E então, Alemão? O que te levou a acionar o nosso código secreto pela primeira vez?

– Ontem, lá pelas 9 da noite, tocaram a campainha de casa, eu tava tomando banho, minha mãe foi até o portão atender. Não demorou muito, bateu na porta do banheiro dizendo que tinha visita na sala me aguardando. Eu perguntei quem era, mas ela achou melhor eu ver com meus próprios olhos. Depois que soube de quem se tratava, achei estranho ela falar daquele jeito da visita, pois sabia que aquela pessoa significava muito pra mim.Terminei meu banho o mais rápido que pude e fui pra sala. Quando cheguei, levei um susto. Era o Andrezinho, meu melhor amigo de infância, ele estava detonado. Fomos praticamente criados juntos, como irmãos mesmo. Por alguns anos, estivemos sempre unidos; depois disso o pai dele, que trabalhava em um banco aqui em São Paulo, foi transferido pra Santos. Ficamos separados e nosso contato foi retomado através de alguns poucos e-mails que trocamos recentemente, quando ele deixou um recado em minha página da internet dizendo que precisava de ajuda.

–Tudo bem, Alemão, continue... – pediu Sócrates.

– O cara tá mal. Está jurado de morte. Ele veio me procurar pedindo ajuda porque se envolveu com uma gangue muito perigosa, que mexe com drogas e outras coisas mais.

– Ele é viciado? – indagou Otelo, que estava calado até então.

– Ele diz que não usa, só vendeu por um tempo, vindo depois a ser homem de confiança dos chefes da gangue... – Alemão falou com tristeza.

– O que podemos fazer? – questionou Jéssica, olhando para Sócrates.

– Onde ele está agora?

– Escondido em um armazém abandonado.

– O que você disse a ele, Alemão?

– Disse que precisava pensar melhor para poder ajudar. É claro que ele não sabe a quem eu iria recorrer.

– Melhor assim, os A.N.J.O.S. devem atuar no anonimato. Só assim podemos ajudar.

– Ele disse o nome da gangue a que pertencia? – quis saber Nina.

– Estava de camisa de manga longa, coisa que estranhei por causa do calor que fazia ontem à noite. Foi aí que descobri o nome da gangue que está atrás dele. A camisa era para esconder a tatuagem no antebraço. Pedi para ver e me assustei com o que descobri. Infelizmente o meu amigo Andrezinho está envolvido com a pior gangue de São Paulo. – fez uma breve pausa.

– Já estou ansioso demais, Alemão. Fale logo! Que gangue é essa? – pediu Otelo.

– Ele tem uma tatuagem de morcego no antebraço. O Andrezinho está tentando escapar da gangue dos “Vampiros”.

Breve silêncio se observou no ambiente, como se todos procurassem reorganizar as ideias. Até que foi quebrado por Otelo, que disse:

– Já ouvi falar dessa gangue, eles aliciam jovens para o tráfico de drogas, prostituição e outros tipos de...

– De "vampirização"? – interrompeu Sócrates o raciocínio de Otelo.

– Isso mesmo, Sócrates, a palavra é "vampirização"; você está certo.

– Eles "vampirizam"; ou seja, sugam os jovens através dos vícios? – indagou Jéssica.

– Isso mesmo, Jéssica. Eles estão infiltrados em muitos setores da sociedade. Quem se envolve com essa gangue de vampiros e tenta deixá-la, paga com a vida. Muitos adolescentes são alvos fáceis dessa gangue de vampiros.

– Esse é o medo do Andrezinho! – afirmou Nina.

– Ele sabe demais, é um *HD* ambulante dessa gangue. Chegou mesmo a conviver com o chefe da gangue dos Vampiros.

– E quem é esse chefe, Alemão?

– Ele é conhecido como Corvo. O que vamos fazer para ajudá-lo, Sócrates?

– Estamos diante de pessoas muito inteligentes e organizadas, que se aproveitam de adolescentes pra espalhar essas ideias malucas. Nós sabemos que vampiros sugadores de sangue não existem, mas vampiros que subjugam mentalmente os mais fracos, isso existe de verdade. Chegam mesmo a incutir ideias de eterna juventude pela prática do vampirismo. Coisa de maluco mesmo. Mas tenho certeza de que, por trás dessa indução, estão as drogas.

Todos ouviam com atenção as palavras de Sócrates. E ele continuou:

– Vampiros mentais existem aos montes, estão em todos os lugares, sugam as energias alheias através da influenciação mental perturbadora. Precisamos ajudar o Andrezinho, mas por enquanto a maioria de nós deve ficar no anonimato, até mesmo para a nossa própria segurança.

– Isso mesmo, Sócrates! Se o Andrezinho já está escondido, não corre riscos, pelo menos por enquanto. – alertou Otelo.

– Mas ele está marcado para morrer por essa gangue de vampiros, pois sabe demais. Mesmo que mude de cidade, sempre correrá riscos. – lamentou Alemão.

– Esse é o preço que ele pode pagar por se envolver com essa gangue, infelizmente. – comentou Nina riscando o papel das anotações.

– Temos que observá-lo, afinal, ele apareceu ontem pedindo ajuda. – avisou Jéssica.

–Vocês estão certos! – concordou Sócrates. – O Alemão vai apresentar a Jéssica e o Otelo como amigos de confiança dele para o Andrezinho. Eu e a Nina vamos fazer alguns levantamentos sobre a atuação dessa gangue. – e, virando-se para Otelo, pediu:

– Procure colher o máximo de informação do Andrezinho. Tudo será útil para podermos pensar em um plano. Seria fácil ajudá-lo a ir embora daqui, mas e os outros jovens que podem ser vítimas desses vampiros? Penso que temos um grande problema pela frente...

–Tem certeza de que ele não é viciado? – quis saber Otelo.

– Se for verdade o que me disse, ele apenas traficava. – asseverou Alemão.

– A.N.J.O.S. – Sócrates falou com tom grave na voz. – Não preciso dizer que estaremos envolvidos com tudo isso. A segurança de todos está em jogo. Cada um já sabe o que fazer. Só mais uma coisa: ele não pode ficar nesse armazém, precisamos tirá-lo de lá.

– Podemos trazê-lo pra cá, Sócrates. Aqui na toca dos A.N.J.O.S., ninguém vai descobri-lo. Só fiquei cismado com a minha mãe. Não sei por que ela foi tão hostil com o Andrezinho. Fomos criados juntos, parecia até que éramos irmãos. Por que minha mãe disse que não queria ele aqui em casa? Será que ela sabe de algo?

– Mas você não acha arriscado trazê-lo pra cá? – Otelo perguntou.

– Aqui no sótão minha mãe não vem, pode apostar.

– Se ele vier pra cá, onde os A.N.J.O.S. se reunirão? – questionou Jéssica.

– Não temos como ajudar sem fazer algum sacrifício. Acho que ele estará seguro aqui, o Alemão consegue, com a nossa ajuda, providenciar comida. Ele e o Otelo podem se revezar fazendo companhia. Isso vai nos ajudar a vigiar mais de perto esse garoto e a obter sua confiança. De qualquer maneira, a permanência dele aqui será temporária. Vamos improvisar as reuniões em outros lugares. Vocês concordam?

Todos concordaram com Sócrates.

– Então, A.N.J.O.S.; Vamos às tarefas!

Colocando as mãos umas sobre as outras, os cinco despediram-se dizendo:

– A.N.J.O.S.!!!

# A HISTÓRIA DE ANDREZINHO

Por volta das 10 da noite...

Com uma lanterna na mão de cada um, três personagens se aproximam de um armazém.

O foco luminoso das lanternas assusta alguns ratos moradores do local, acostumados com a escuridão.

– Ele me disse que o armazém era esse aqui. – avisa Alemão. – Combinamos que eu jogaria três pequenas pedras naquela grande placa de alumínio pra ele saber que era eu.

– Então, jogue logo essas pedrinhas pra irmos embora daqui. Esse ambiente me dá medo. Jéssica falava olhando para os lados.

– Ela está certa, Alemão, jogue logo as pedrinhas, essa região aqui no centro de São Paulo é muito perigosa.

–Tá certo, Otelo, vou jogar...

Remexendo no bolso, ele pegou três pequenas pedras e arremessou uma de cada vez, em um curto intervalo de tempo.

Ouviu-se uma voz que não se pôde identificar de onde vinha exatamente.

Eles passeiam com o lume das lanternas pela escuridão do vasto armazém.

– Por que você não veio sozinho, Alemão?

– Fique tranquilo, Andrezinho, são amigos de confiança, eles vieram pra ajudar.

Breve pausa.

Alemão, Otelo e Jéssica olham pra todos os lados tentando identificar de onde viria aquele garoto.

–Tudo bem, vou confiar em você, Alemão!

– Pode confiar, irmão. Estamos aqui pra te ajudar! – reafirmou Alemão.

Nova pausa.

Para surpresa dos três, Andrezinho salta na frente deles, pois estava pendurado em uma viga acima de suas cabeças.

Ele cai de pé e dobra ligeiramente as pernas, recompondo-se rapidamente. Bate com a palma das mãos na roupa liberando um pouco de poeira.

Os traços luminosos das lanternas destacam o pó que sobe da roupa do garoto.

– Estes são Jéssica e Otelo. Meus amigos de confiança! – apresentou Alemão.

– Oi Andrezinho! – cumprimentou Jéssica com um sorriso.

– E aí, Andrezinho? – saudou Otelo estendendo a mão.

– Olá! Se são amigos do Alemão, são meus amigos também. Valeu...

– Andrezinho, o Otelo trouxe algo pra você vestir.

–Tenho necessidade de mudar de roupa?

–Você não vai mudar de roupa apenas, eu trouxe um disfarce.

– Disfarce? – estranhou Andrezinho.

– Confie no Otelo, ele é especialista nisso, pra ele o disfarce é uma arte. Fique tranquilo, é só uma medida de segurança.

Olhando em meio àquela penumbra, Andrezinho concordou.

–Tudo bem, se é pra me ajudar, nada contra.

– Então vá com o Otelo ali para o canto onde você poderá se trocar e não demorem, precisamos ir embora.

– Não é preciso, Alemão, ele pode se disfarçar aqui mesmo. Jéssica, vire de costas, por favor! Basta colocar essa roupa de seguidor de *Hare Krishna*. A parte de baixo da roupa masculina se chama *Dhoti* e a parte superior *Kurta*.

Pode tirar a calça e a camisa, Andrezinho; fique tranquilo, a Jéssica está olhando para o outro lado.

Rapidamente Andrezinho se desvencilha da calça e da camisa. No momento em que ele pega o *Dhoti* da mão de Otelo, esse o contém.

– Calma, não coloque a roupa ainda, preciso raspar sua cabeça.

– Raspar minha cabeça?

– Sim, os seguidores de *Hare Krishna* raspam a cabeça para cultivar a simplicidade e a humildade. Essa antiga tradição significa que a pessoa está interessada em valorizar mais a beleza da alma do que a do corpo.

Otelo pega uma máquina de cortar cabelos à bateria e inicia a raspagem.

Em breves minutos, Andrezinho está totalmente careca.

– Posso me vestir agora?

– Sim. – responde Otelo. – Mas ainda falta a pintura.

– Pintura??? – surpreendeu-se Alemão.

– É claro, se é pra se disfarçar, vamos fazer a coisa direito! – afirmou Otelo.

Jéssica, que olhava para o outro lado, ria discretamente.

– Mas me responda, seu sabichão. – provocou Alemão. – Por que os seguidores de *Krishna* se pintam?

Otelo pegou um pequeno pote que trouxera na mochila, e, com calma, começou a pintar o nariz e a testa de Andrezinho.

– A pintura chama-se *Tilaka* e é feita com argila especial proveniente dos rios sagrados da Índia. No nosso caso, a argila veio mesmo do rio Tietê.

– O quê??? – assustou-se Andrezinho.

– Brincadeirinha. – gargalhou Otelo. – No nosso caso não é argila, mas apenas uma tinta usada em maquiagem que imita a cor da argila.

– Ah, bom... – relaxou Alemão.

– Os seguidores de *Krishna*, após o banho, pintam o corpo para designá-lo como templo de Deus. – explicou Otelo. – Satisfeitos?

– Sim, mas vamos embora logo! – apressou-se Alemão.

– Prontinho. Ah, já ia me esquecendo! – remexendo na mochila mais uma vez. – Aqui está.

– Um óculos? – espantou-se Andrezinho.

– Isso mesmo, coloque esses óculos de aro fino. Não se preocupe que não tem grau algum. É só pra completar o figurino. E coloque esse colar também, que se chama *Kanthi.* Calce a sandália... Isso! Agora sim! Prontinho!

Recolhendo rapidamente seus apetrechos, Otelo afirmou:

– Pronto, podemos ir.

Jéssica virou-se e exclamou:

– Nossa!!! Nem parece a mesma pessoa! Parebéns, Otelo!

– Obrigado! Vamos embora daqui!

Na escuridão do armazém, quatro vultos deslocam-se rapidamente.

Aproximadamente uma hora depois, eles entram na toca dos A.N.J.O.S..

– Está com fome, Andrezinho?

– Não quero dar trabalho, Alemão. Mas estou sem comer desde ontem.

– Pode deixar, vou descer e procurar algo! O Otelo e a Jéssica farão companhia para você enquanto isso.

–Tudo bem, Alemão. Obrigado!

Bem humorado, Alemão fica de frente para Andrezinho e une as mãos espalmadas junto ao peito e diz curvando-se:

– *Namastê!*

Tornando o ambiente mais alegre, Andrezinho assume o papel de seguidor de *Krishna* e reverencia Alemão da mesma forma.

– E então, Andrezinho, podemos falar um pouco sobre a gangue dos Vampiros? – indagou Otelo.

– Esse é um assunto do qual normalmente eu não falaria, mas não tenho nada a perder, já que estou com a cabeça a prêmio.

– Não queremos incomodar com esse papo, caso não deseje falar.

– Pare com isso, quem está incomodando aqui sou eu. Tenho muito o que agradecer a vocês e ao Alemão. Não sei o que seria de mim a essa hora.

– O Alemão gosta muito de você. – afirma Jéssica.

– É verdade, Andrezinho, percebemos isso quando ele nos contou o que estava acontecendo com você. – acentuou Otelo.

– Fomos criados juntos por um tempo, até hoje não entendi por que nos separamos. Eu sempre o considerei um grande irmão, meu único irmão.

Alemão retorna trazendo leite, frutas e um prato com sanduíche.

– Entrega em domicílio! – volta brincando.

– Pode comer, Andrezinho, nós esperamos você lanchar. – alertou Otelo.

– Estou faminto...

Com voracidade, ele começa a alimentar-se. O silêncio só é quebrado pela sinfonia dos talheres manuseados pelo garoto comendo.

Mastiga e fica de olhos fixos no vazio, buscando algo para relatar. Engole mais um pedaço de pera, toma mais um gole de leite e diz:

– Eu andava com algumas dificuldades em casa. Era impossível dialogar com meu pai. Ele, sempre ocupado, e quando eu tentava falar algo sobre minhas coisas, dificilmente ele dava importância. Tinha a fórmula pronta pra todos os meus problemas, achando que a solução dele servia pra mim. Nunca me perguntou o que eu achava disso ou daquilo, sempre empurrava as coisas pela minha goela abaixo. Até hoje não entendi nem ao menos por que mudamos dessa cidade. Nossa mudança pra Santos foi legal, a cidade é maravilhosa, mas sinto, hoje em dia, que existe algo estranho por trás de toda a transformação que ocorreu em nossas vidas.

Ele fez uma breve pausa, mordeu mais um naco de pão. Enquanto mastigava, Jéssica perguntou:

– E sua mãe? Onde ela está?

– Não tenho mãe. Segundo meu pai, ela morreu logo após meu nascimento. E todas as vezes que eu perguntei sobre ela, meu pai evitou falar. Procurei respeitar o silêncio dele, acreditando na dor que sentia ao tocar nesse assunto.

– Desculpe... – lamentou Jéssica.

– Não se preocupe... Esse assunto não me incomoda mais. – descascou uma banana e começou a comer.

– O meu pai era muito amigo do pai do Andrezinho. Eles eram como a gente; se tratavam como irmãos, se davam muito bem. – esclareceu Alemão.

– Eu sou 3 anos mais velho que o Alemão, estou com 19 agora.

– Como disse antes, minhas dificuldades com meu pai só aumentavam dia a dia. Quatro anos atrás, quando eu estava com quinze anos, em um final de tarde em pleno verão, caminhando pela praia do Gonzaga, em Santos, parei para tomar uma água de coco em um quiosque e vi três garotos de roupas pretas com a mesma tatuagem no antebraço direito. Achei legal e fiquei olhando por um tempo. Um deles percebeu meu interesse e, pra minha surpresa, me chamou dizendo:

– Gostou da *tattoo?*

Supreendido, respondi:

– Muito...

– Quer ter uma?

– O que eu preciso fazer para ter uma dessas?

Os três sorriram e um deles disse:

– Isso é fácil! Quer vir com a gente?

– Pra onde?

– Estamos indo pra São Paulo agora, se você vier e for corajoso o suficiente pra passar no teste, pode até fazer parte da nossa gangue.

Eu já tinha visto algumas gangues americanas na televisão. Senti-me fascinado pela possibilidade de fazer parte de uma gangue. Uma sensação de poder tomou conta de mim. E o garoto me perguntou:

– E então? Quer ou não quer ir com a gente?

– Que horas vocês vão? Preciso pegar algumas roupas.

– A gente te espera, fique tranquilo. Pode ir buscar sua roupa.

– Qual o seu nome? – perguntei ao que me fez o convite.

– Pode me chamar de Buba, esse é o Sapão e esse outro é o Mau Mau. – apresentou os outros garotos.

Os dois balançaram a cabeça e sorriram pra mim. Senti-me importante a partir daquele momento.

– E o seu pai? – indagou Jéssica.

– Meu pai sempre chegava tarde do trabalho. Eu já estava acostumado a passar noites fora de casa. Não tinha medo do desconhecido.

– Continue, Andrezinho, e depois? – quis saber Alemão.

– Fui até minha casa, me troquei e segui para São Paulo com eles. Como estavam a pé, perguntei se iríamos de ônibus. Eles gargalharam. Pediram-me apenas pra acompanhar sem fazer perguntas. Assim fiz. Caminhamos por algumas ruas do Bairro Gonzaga até que o Sapão encostou-se em um carro e rapidamente abriu a porta com duas ou três pancadas e um pedaço de arame. Quando percebi, já estávamos os quatro dentro do carro em movimento. Subimos a serra pela via Anchieta. Em pouco mais de uma hora, estávamos na capital. Andamos por algumas ruas de São Paulo até chegar a uma casa estranha. Lá dentro conheci vários adolescentes, meninos e meninas, com a mesma tatuagem de morcego no antebraço. Rolava uma grande festa. Bebi muito e perdi a noção de tudo, passei vários dias em contato com aquele grupo. Eles praticavam alguns rituais estranhos, mas o que mais faziam era se drogar. Não sei como não me viciei, provei algumas drogas, mas meu organismo rejeitou isso. Eu passava tão mal que faltava coragem para repetir a dose. Eu queria ser útil à gangue. Comprometi-me com o Corvo a ser um vendedor. Vi muitos adolescentes, filhos de famílias ricas e pobres, alimentarem seus vícios e serem usados pela gangue dos Vampiros.

– Por que esse nome, "gangue dos Vampiros", Andrezinho? – indagou Otelo.

– Não tem nada a ver com vampiros que sugam sangue. Mas os traficantes de droga não deixam de ser "vampiros modernos", que sugam a saúde, o dinheiro, a mente, pra não dizer a vida, de jovens que se deixam levar por ilusões. O nome "gangue dos Vampiros" é mais para impressionar e atrair a curiosidade dos jovens.

– E o seu pai? Como ficou a relação de vocês dois?

– Aprontei muito também, sumi de casa várias vezes sem dar notícia. Errei muito. Já tínhamos grande dificuldade de nos relacionar antes que eu participasse da gangue dos Vampiros; depois que me tatuei, nossa relação terminou. Antes de procurar o Alemão, fui atrás dele, mas não deu certo. Ele reconstruiu a vida com uma nova mulher, que estava grávida, não achei justo atrapalhar meu pai. – fez breve pausa e concluiu. – Preferi não incomodar.

– E agora que você sabe de tudo isso e que a sua vida está correndo perigo, o que pretende fazer?

– Estou arrependido e se eu puder, quero destruir a gangue dos Vampiros. Eles arrastam muitos inocentes para a morte através das drogas. Farei o possível pra conseguir isso, antes que eles me matem.

– Andrezinho, por que eles querem matar você? – pergunta Otelo, interessado.

– Contrariei as ordens do Corvo, ele queria que eu matasse um garoto. Era uma espécie de teste pra que eu passasse ao conselho de vampiros, o grupo de comando mais próximo ao Corvo. Devido ao sucesso que meu trabalho vinha alcançando na administração da venda de drogas, fui ganhando importância na gangue. Foi aí que me convidaram pra passar à cúpula da gangue. Mas para isso, eu teria que provar fidelidade matando um desafeto do Corvo...

– E o que você fez? – interrompeu Jéssica, curiosa.

– Precisava ganhar tempo para pensar no que fazer. Assim que me deram a ordem para matar o Bugre, eu disse que faria. Pedi alguns dias, o Corvo não aceitou, mandou matar imediatamente. Pedi os meios para isso, eles me deram uma arma. Saí sozinho da caverna da gangue dos Vampiros...

– Caverna? – estranhou Alemão.

– Caverna é uma casa antiga onde fica o comando da gangue. Então, naquele dia saí sozinho da caverna dos vampiros dizendo a eles que iria atrás do Bugre. Foi aí que abandonei a gangue. Vinte e quatro horas depois, todos os vampiros estavam atrás de mim. E aquele que conseguir me matar vai ocupar meu posto. A gangue tem esse código, quem mata um traidor que tenha tido um cargo de confiança na hierarquia da gangue herda o posto dele.

– Você sabe quantos vampiros existem na gangue? – quis saber Otelo.

– Acredito que fazem parte do grupo principal cerca de 40 membros, mas zumbis eu não sei precisar.

– Zumbis??? – todos perguntaram em coro.

– Sim, zumbis são aqueles que trabalham na organização em troca de drogas para sustentarem o vício. O viciado vira zumbi nas mãos da gangue. Em troca de um pouco de droga o zumbi faz qualquer coisa.

Todos ficaram em silêncio, tocados pela triste história de Andrezinho.

# NA ESCOLA

No dia seguinte, na quadra da escola...

– Tudo aconteceu desse jeito, Sócrates e Nina. – Otelo explica para o líder dos A.N.J.O.S. o que havia acontecido na noite anterior.

– E o que ele está fazendo agora, Alemão? – indaga Sócrates.

– Ele está no sótão, e muito bem acomodado. Tem cama, frigobar, deixei água, leite e frutas.

Sócrates, que estava de mãos dadas com Jéssica, aprovava as atitudes do amigo balançando a cabeça.

– Ele me pareceu sincero, Sócrates. – explica Otelo. – As coisas que ele disse, admitindo os próprios erros, revelam alguma maturidade diante dos problemas.

– Isso é verdade! – Jéssica apoiou as palavras de Otelo.

– Qual vai ser o nosso próximo passo? – perguntou Nina.

– Antes de decidirmos o que fazer, preciso contar a vocês o que eu e Nina levantamos sobre a "gangue dos Vampiros". Pesquisei e descobri que eles têm uma comunidade em um site de relacionamento, que se chama "Eu amo Vampiros". É um chamariz para atrair jovens; mais uma ferramenta para aliciar adolescentes. Nessa comunidade, que tem como símbolo um morcego, ocorre até tráfico de drogas. – Sócrates pega do bolso da calça uma folha de papel dobrada. – Vejam, amigos, imprimi ontem pela internet.

– A pergunta é: o morcego que está tatuado no braço do Andrezinho é igual a esse?

– É esse mesmo, tem asas fechadas sobre o corpo, ficando fora apenas a cabeça do morcego! – confirmou Alemão.

– É isso, está confirmado, a "gangue dos Vampiros" tem tentáculos espalhados em pontos-chaves que são atrativos para os jovens. Precisamos nos reunir o mais rápido possível com o Andrezinho, só ele pode nos informar o ponto fraco da gangue. Alertou o líder dos A.N.J.O.S..

– Está certo, podemos nos reunir ainda hoje, Sócrates. – concordou Otelo.

– Mas a identidade dos A.N.J.O.S. não deve ser revelada em hipótese alguma. Eu e a Nina estaremos presentes e devemos ser apresentados como mais dois amigos de confiança que vão colaborar no plano.

– Combinado! Assim faremos! – afirmou Otelo.

– Pessoal, em uma semana vou estrear no teatro! – avisou Otelo.

– Estarei presente, Otelo, quero ver sua interpretação. – alegrou-se Nina, e indagou. – Qual personagem você irá representar?

– Eu disse a vocês que a peça é: "Pluft, o Fantasminha", da dramaturga Maria Clara Machado. Vou interpretar o "Pluft". Espero que as crianças gostem dessa montagem da peça.

– Essa peça é muito famosa, né, Otelo? – perguntou Alemão.

– Isso mesmo, já foi apresentada em diversos países.

– Será mais um sucesso, tenho certeza disso. – entusiasmou-se Jéssica.

–Tenho aqui no bolso um trecho do texto original da peça. Trago comigo para estudar nas horas vagas. Querem ver?

– Nossa! Nunca vi um texto teatral, deve ser interessante. Mostra pra gente, Otelo. – Nina pede enquanto Otelo puxa do bolso alguns papéis.

– Aqui está, podem ler.

# ATO ÚNICO

Cenário:

Um sótão. À direita, uma janela dando para fora, de onde se avista o céu. No meio, encostado à parede do fundo, um baú. Uma cadeira de balanço. Cabide nos quais se veem, pendurados, velhas roupas e chapéus. Coisas de marinha. Cordas, redes. O retrato velado do capitão Bonança. À esquerda, a entrada do sótão.

Ao abrir o pano, a Senhora Fantasma faz tricô, balançando-se na cadeira, que range compassadamente. Pluft, o Fantasminha[2], brinca com um barco. Depois larga o barco e pega uma velha boneca de pano. Observa-a por algum tempo.

PLUFT:

Mamãe!

MÃE:

O que é, Pluft?

PLUFT:

(Sempre com a boneca de pano.) Mamãe, gente existe?

---

2. Homenagem a Ana Clara Machado – Transcrição de um trecho da peça "Pluft, o Fantasminha" – nota do autor.

MÃE:

Claro, Pluft. Claro que gente existe.

PLUFT:

Mamãe, tenho tanto medo de gente! (Larga a boneca.)

MÃE:

Bobagem, Pluft.

PLUFT:

Ontem passou lá embaixo, perto do mar, eu vi.

MÃE:

Viu o que, Pluft?

PLUFT:

Vi gente, mamãe. Só pode ser. Três.

MÃE:

E você teve medo?

PLUFT:

Muito, mamãe.

MÃE:

Você é bobo, Pluft. Gente é que tem medo de fantasma e não fantasma que tem medo de gente.

PLUFT:

Mas eu tenho.

MÃE:

Se seu pai fosse vivo, Pluft, você apanharia uma surra com esse medo bobo.

Qualquer dia destes, eu vou te levar ao mundo para vê-los de perto.

PLUFT:

Ao mundo, mamãe?!!

MÃE:

PLUFT,
O FANTASMINHA

É, ao mundo. Lá embaixo, na cidade...

PLUFT:

(Muito agitado vai até a janela. Pausa.) Não, não, não. Eu não acredito em gente, pronto...

– Só tem esse com você? É muito interessante! – pergunta Jéssica, curiosa.

– Sim, só esse trecho inicial da peça.

– Eu nunca fui ao teatro, gostaria muito de conhecer. – revelou Alemão.

– Aproveite esse momento e vá me prestigiar. Ficarei feliz em ver vocês no teatro.

– Pode deixar, Otelo. Estaremos lá! – prometeu Sócrates.

– E a reunião na Toca dos A.N.J.O.S.? Está confirmada para hoje à noite? – indaga Nina.

– Confirmada! Com a ajuda do Andrezinho, esta noite traçaremos o plano de ação para desmontar o esquema da "gangue dos Vampiros". – decretou o líder dos A.N.J.O.S..

O sinal de término do intervalo de aulas ecoa pelo Colégio Monteiro Lobato e todos os alunos retornam para a sala de aula.

# UM SENTIMENTO INTENSO

– Mas como lhe digo, professora Alice... Ando sentindo aquelas coisas com mais intensidade.

– Jéssica, não deve se aborrecer com isso. Sua sensibilidade é muito grande, acredito que você ainda irá manifestar outras tendências de sensibilidade. Já falamos sobre a psicometria. Não existe uma maneira de se controlar essa manifestação sensitiva. O melhor a fazer é estudar mais profundamente o processo da psicometria, assim você não irá temer essa potencialidade natural que você tem.

– Eu e o Sócrates estamos namorando. Em algumas vezes que nos beijamos, tive a sensação de ter vivido isso antes.

– E como isso acontece?

– É algo que não domino, as imagens aparecem involuntariamente em minha mente. O que significa isso?

– Pode significar que você tenha recordações de outras vidas.

– Isso me deixa confusa, professora.

– Me chame de Alice apenas, nada de professora. Somos amigas aqui fora, sou professora só na classe. Pode ser?

– Está certo... Alice. Vou me acostumar a tratá-la assim. Embora eu veja imagens do meu beijo com o Sócrates e sinta que somos nós dois, o homem e a mulher que se beijam são diferentes.

– Isso significa que já nos amamos em outra vida? Em outro lugar?

– Isso mesmo, Jéssica! Que outra explicação você teria para entender o que sente?

– Eu entendo essa parte. O que eu não entendo é por que só eu me recordo e ele não?

–Temos que perguntar: todos têm a sua sensibilidade?

– Cada pessoa é de um jeito.

– Pois então! Eu não sou igual a você, cada um tem suas características próprias.

– Mas não é só isso!

– Então me diga o que vem acontecendo de diferente com você? Anda sentindo algo novo?

– Pode parecer estranho o que vou dizer. Tenho até vergonha de falar, não pense que sou louca.

– Fique tranquila, Jéssica. Somos amigas, lembra?

–Temos um grupo de amigos que se reúne de vez em quando.

– Ora, Jéssica, isso é muito natural, teremos amigos com as mesmas afinidades.

– Mas o estranho acontece quando nos reunimos.

– Me diga, o que acontece?

–Todas as vezes que nos reunimos, sinto que não estamos sozinhos. Parece que em nossa volta estão outros seres invisíveis. Isso não é coisa de gente maluca?

– Jéssica, querida, você é capaz de captar as energias presentes no ambiente através da sua mediunidade. Por isso sente a presença de outras mentes invisíveis.

– É difícil compreender tudo isso.

– Essas percepções fazem parte da sua natureza pessoal. Você se sente mal quando isso ocorre?

– Isso é interessante! Eu não me sinto mal, pelo contrário, me sinto muito bem.

– Acalme-se, você já pesquisou esses assuntos, comprovou que grande número de pessoas também sente essas energias. São denominados médiuns.

– Está certo, Alice! Podemos voltar a esse assunto outra hora? Preciso ir, vou encontrar o Sócrates. Temos uma reunião importante na casa de um amigo.

– Fique tranquila. Quando desejar, voltaremos a falar sobre isso.

– Obrigada, Alice! Você é uma grande amiga.

– Séculos atrás, muitas pessoas foram queimadas por apresentarem, involuntariamente, e manifestarem esse sexto sentido apurado. Foram tratadas como loucas, ou bruxas. O médium, hoje em dia, é tratado como merece, como uma pessoa comum, igual a todas as outras. A diferença é que o médium tem uma sensibilidade diferenciada. Outra hora voltaremos a conversar. Traga o Sócrates da próxima vez.

– Obrigada, Alice! Nem sei como lidaria com essa situação se não fosse você!

– Conte sempre comigo!

Elas se abraçaram despedindo-se.

***

Sócrates a encontra no local combinado e, ao beijá-la, pergunta com um sorriso:

– E então... Como foi a conversa com a Alice?

Jéssica o beija com ternura e responde:

– Esclarecedora como sempre, ela é muito clara e objetiva em suas colocações.

– Você precisa do máximo de informações a respeito dessa capacidade, só assim irá aceitar com naturalidade esse potencial.

– É verdade, Sócrates. Mas me diga, o que você tem em mente para combater a gangue dos Vampiros?

– Ainda não pensei em nada... Precisamos ouvir o Andrezinho. É ele quem vai nos dar as informações para a ação.

Com a mão de Sócrates carinhosamente colocada sobre o ombro de Jéssica, o jovem casal chega em frente ao portão da casa.

– Antes de entrarmos, quero dizer que a cada dia que passa, mais eu gosto de você...

Ele interrompe com um longo e apaixonado beijo.

–Também me sinto assim... A cada momento que fico a seu lado, mais tenho certeza de que uma força estranha e poderosa nos une... Não sinto um apelo do corpo apenas... Em meu coração, cresce algo que me encanta e alegra...

– É algo forte e suave ao mesmo tempo. Um sentimento brando e harmonioso... – Jéssica fala com grande carinho.

Eles se abraçam intensamente.

Não é preciso dizer mais nada, as palavras não servem para traduzir o arrebatamento que só o encontro de seres afins pode produzir.

Um abraço que escapa ao entendimento dos corpos juvenis manifestando carinho... Um abraço que revela a afinidade profunda de dois seres, que há muito e muito tempo se amam nas jornadas das vidas.

Após breve, mas intenso momento, ela indaga:

–Vamos entrar?

–Vamos sim, acho que todos já devem estar nos esperando.

Eles adentram o quintal da casa e acionam a alavanca, fazendo com que a escada de corda desça.

Antes que a escada de corda estivesse pronta para a subida, mais um beijo prolongado.

Palavras de amor são murmuradas, juras de fidelidade.

Depois de mais um abraço, eles sobem para a toca dos A.N.J.O.S..

# O PLANO

– Olá, pessoal! – cumprimentou Jéssica.

– Demoramos? – indaga Sócrates aos amigos.

– Sócrates, esse é o Andrezinho. – Alemão apresenta.

– Olá, Andrezinho... Mas você está parecendo realmente um seguidor de *Hare Krishna*. Otelo caprichou no disfarce.

– É verdade... O Otelo é bom mesmo com disfarces. Tudo bem, Sócrates? – responde o garoto estendendo a mão.

– Eu já havia apresentado o Andrezinho para a Nina. – alerta Alemão.

– Isso mesmo, a gente estava conversando sobre vários assuntos enquanto vocês não chegavam. – comentou Nina com alegria.

– Podemos começar a nossa reunião? – quis saber Alemão.

– Claro, vamos começar! – concordou Sócrates.

– Andrezinho, esses são meus amigos, pessoal de minha confiança. – Alemão falava apontando a todos. – Eles estão aqui para ajudar você e... – breve pausa. – Outros adolescentes a escaparem da gangue dos Vampiros.

– Na situação que estou vivendo, tenho que agradecer a ajuda de vocês. Sei que meu histórico não me recomenda, trafiquei drogas, ajudei essa gangue a prejudicar muita gente. Não posso esconder que meu desejo de acabar com a gangue dos Vampiros está ligado à minha própria sobrevivência. Se essa gangue não acabar, eu terei que viver escondido. Nem precisava que o Alemão dissesse essas palavras sobre vocês. Sei que posso confiar em todos.

– Precisamos acertar todos os detalhes e saber de você qual o ponto fraco da gangue. Depois de estudarmos a situação, colocaremos o plano em ação. – aconselhou Sócrates.

– Tenho pensado bastante sobre a melhor maneira de agirmos. Precisamos reunir provas e levar à polícia. Se não envolvermos a polícia no caso, nada irá mudar. – alertou Andrezinho.

–Toda organização precisa de dinheiro pra sobreviver, certo? – indagou Otelo.

– Certo, Otelo onde você quer chegar? – questionou Alemão.

– Continue! – pediu Sócrates.

– Sem dinheiro ninguém faz nada. Se conseguirmos acesso aos livros de contabilidade da gangue, teremos as provas de que precisamos. Na contabilidade encontraremos o nome de todos os envolvidos e dos principais beneficiados dessa organização. Então levaremos tudo para a polícia. – Otelo afirmou com satisfação.

Todos se entreolharam concordando.

– Ele tem razão! – concorda Andrezinho. – Mas a gangue não usa livros, é tudo virtual, justamente para não cair nas mãos de ninguém. Toda a rede de distribuição de drogas e controle financeiro está maquiada em códigos no computador do Corvo. Se conseguirmos entrar no sistema, poderemos passar todas as informações para a polícia.

– Conseguindo essas provas, temos que entregá-las às pessoas certas dentro da polícia. – avisou Nina.

– A Nina tem razão! Se as provas caírem nas mãos de pessoas erradas, tudo irá se perder. – comentou Jéssica.

– E então, Andrezinho? Como faremos isso? – perguntou Sócrates.

– Toda a contabilidade da gangue dos Vampiros fica em um *notebook* que o Corvo carrega com ele. Precisamos de um *hacker* que possa invadir o sistema e copiar todos os dados. Na caverna dos vampiros, existe um computador central no qual os dados são digitados, depois disso, tudo é repassado

A
Legião

ao computador do Corvo. Ia lá sempre para prestar contas e fazer o balanço do comércio. A única maneira de entrarmos, mas mesmo assim correndo riscos, é atrair para fora da caverna o maior número possível de vampiros. Se criarmos alguma situação que cause preocupação ao Corvo, a gangue vai ficar agitada. Ele vai querer resolver o problema o mais rápido possível. Quem precisa entrar na caverna sou eu, que conheço a sala onde ficam os papéis da contabilidade.

– Sua explicação é clara e correta! Mas prefiro usar a inteligência e não a violência. Se entrarmos na caverna dos vampiros e formos descobertos, corremos risco de vida. Não é isso que pretendo; inteligência, sim; violência, não. – afirmou Sócrates.

–Temos que pensar em algo... – resmungou Alemão.

Todos ficam em silêncio por algum tempo...

– Já sei! Já sei! – afirma Alemão.

– Qual é a sua ideia, Alemão? – Nina indaga.

– Andrezinho, você tem como telefonar para o Corvo? – perguntou Alemão.

– Claro que posso telefonar, mas por que eu teria que fazer isso? – indagou sem entender.

– Precisamos pegar o Corvo sem violência, certo? Se você telefonar para ele e o mantiver falando por poucos minutos, podemos gravar a voz dele... – Alemão explicava esfregando as mãos.

– Aonde você está querendo chegar, Alemão? – Sócrates interrompeu sem entender.

– É simples! Vamos gravar a voz do Corvo para que eu possa ouvi-la com calma e imitá-la... – todos se entreolharam surpreendidos com a ideia.

– Continue, Alemão... – pediu Nina.

– Farei alguns exercícios até aprender a voz do Corvo. Depois que tiver aprendido, ligo para a caverna dos vampiros e peço para eles enviarem o arquivo da contabilidade por um arquivo virtual.

– Mas você não acha que eles vão desconfiar? – Jéssica duvidou.

– Eles podem desconfiar, mas é uma tentativa, por que não arriscar?

– O Alemão tem razão, se não desejamos nos expor e deflagrar a violência contra os outros e contra nós mesmos, devemos tentar. – afirmou Sócrates.

– Você está certo, Sócrates. Talvez, por ser algo tão simples, eles não desconfiem e passem o e-mail. – apoiou Otelo.

– Mas pra qual e-mail pediremos que eles enviem o arquivo? – quis saber Andrezinho.

– Para o e-mail do Corvo, é claro! – afirmou Sócrates. –Você sabe qual é o e-mail dele?

– O e-mail eu sei, Sócrates, mas como conseguiremos a senha de acesso?

– Andrezinho, essa é a minha parte. Pode deixar que vou invadir a caixa postal do Corvo, só preciso que você me dê o endereço eletrônico dele.

– Isso é fácil, anota aí...

– Quando colocaremos o plano em ação? – indagou Nina.

– Agora! Não é isso, Sócrates? – asseverou Alemão.

– Sim, imediatamente!

– Mas precisamos saber o momento em que o Corvo se ausenta da caverna para poder ligar para os vampiros e pedir o arquivo.

– Normalmente ele sai após o almoço. Temos que vigiar a caverna e avisar ao Alemão para ele poder ligar. – esclareceu Andrezinho.

– Então precisamos de pelo menos três dias para entrar em ação. – alertou o líder dos A.N.J.O.S..

–Vamos preparar o equipamento para gravar a ligação! – avisou Otelo.

–Vou trazer o *notebook*, assim o Andrezinho liga para o Corvo pelo sistema *SKYPE*, fica até mais fácil gravar a voz do Corvo no próprio *PC*.

– Perfeito, Sócrates! – animou-se Jéssica com a inteligência do namorado.

Todos se entreolharam e sentiram a confiança de que tudo daria certo.

Leg

# A MISSÃO

Tudo foi preparado e ficou combinado que Nina, Otelo e Jéssica vigiariam a caverna dos vampiros para avisar sobre a saída do Corvo.

Com a descrição de Andrezinho, não seria difícil identificá-lo.

Afastados alguns metros da caverna dos vampiros, os três amigos conversavam.

– Olhem discretamente, aquele carro preto que estacionou é da marca que o Andrezinho indicou como sendo o carro do Corvo.

– É verdade, Nina! Deve ser o carro que veio buscá-lo. – confirmou Otelo discretamente.

Do grande carro que acabara de estacionar, desceram dois jovens altos e musculosos, ambos usando óculos escuros e um sobretudo preto.

Eles descem do carro e olham para todos os lados.

Um deles fica na calçada observando o movimento, o outro entra na caverna dos vampiros.

Os três amigos procuram disfarçar, mas seguem vigilantes.

– Vou enviar uma mensagem pelo código secreto dos A.N.J.O.S. para o celular do Sócrates. – avisa Otelo.

– Isso mesmo. Olha lá, o Corvo está saindo da caverna. – alertou Jéssica.

Instintivamente os três amigos se viram para observar o famoso personagem.

Ao lado do jovem que entrara na caverna, sai um outro rapaz muito forte e alto, também de óculos escuros e sobretudo preto.

– É ele mesmo, o Corvo! – Nina afirma convicta.

Imediatamente Otelo tira o celular do bolso e digita a mensagem em código:

5-12-5 5-19-20-1 19-1-9-14-4-15 4-1 3-1-22-5-18-14-1

Com todo o equipamento preparado para o início da operação, Sócrates responde a Otelo também com o código dos A.N.J.O.S.:

6-9-17-21-5-13 4-5 15-12-8-15 19-5 5-12-5 22-15-12-20-1-18 1-22-9-19-5-13

– Sócrates pediu pra gente ficar observando a caverna. – avisou Otelo às duas amigas.

Na toca dos A.N.J.O.S....

–Vamos aguardar pelo menos dez minutos para você ligar, Alemão.

– Está certo, Sócrates, faremos isso! – Alemão respondeu ao amigo, confiante.

Os minutos demoram como horas, mas finalmente esgota-se o tempo determinado.

– Pronto, podemos ligar, Andrezinho?

– Sim, chegou a hora. Pode ligar, Sócrates!

–Você já sabe o que vai falar, não é?

– Sei, sim, Sócrates. Pode deixar, já estou acostumado a tratar com o Corvo.

Alemão e Sócrates colocam um fone de ouvido para escutar a conversa, o líder dos A.N.J.O.S. faz um sinal de positivo com o polegar da mão direita e Andrezinho digita o número do celular do Corvo no teclado do *notebook*.

Demoram alguns segundos até que o primeiro toque de chamada ecoe pelos fones de ouvido.

No interior do carro que se deslocava pela Avenida Consolação, no centro de São Paulo, o Corvo olha para o celular tentando identificar o número da ligação; mas mesmo não reconhecendo, resolve atender:

BAR
RES

– Alô...

Andrezinho respirou fundo e disse:

– Alô, Corvo...

– Ele mesmo, quem está falando?

Alemão aciona o gravador de voz.

– Sou eu, chefe, o Andrezinho...

– Ora, ora, ora, onde é que você anda, moleque?

– Estou ligando para pedir uma nova oportunidade, me arrependi de ter fugido sem cumprir suas ordens...

–Você sabe que nossa organização não aceita esse tipo de atitude, não sabe?

– Sei, chefe, mas por ter sido sempre fiel à organização, eu queria mais uma chance...

Vendo no telefonema a oportunidade de colocar as mãos no desertor e sumir com aquele verdadeiro arquivo ambulante, o Corvo falou:

– Me procure à noite na nossa caverna, vou lhe dar outra incumbência; caso você se saia bem dessa vez, posso reconsiderar a minha decisão. Mas não esqueça, se não corresponder, sua vida não vale uma moeda de 1 centavo.

– Obrigado, chefe... Eu vou corresponder...

Sócrates fez sinal de positivo para Andrezinho, indicando que o tempo de conversa tinha sido o suficiente.

Assim que a ligação termina, Alemão dispara com a voz rouca como a do Corvo.

– Mas não se esqueça, se não corresponder, sua vida não vale uma moeda de 1 centavo.

Sócrates e Andrezinho se entreolharam e caíram na gargalhada, pois a voz era idêntica à do Corvo.

– Disque o número da caverna, Andrezinho, e deixe que eu falo. – avisou Alemão.

Mais alguns segundos de expectativa, até que um novo sinal de chamada telefônica ecoa pelos fones de ouvido.

Da caverna dos vampiros, uma voz responde:

– Alô...

– Quem está falando? – imediatamente o interlocutor do Alemão reconhece a voz rouca do Corvo.

– É o Henrique, chefe...

Imediatamente Andrezinho escreve em um papel e passa para o Alemão: "Mande chamar o Lelé".

– Chama o Lelé...

– Pode deixar, chefe, já estou chamando. – responde Henrique sem desconfiar de nada.

– Alô, chefe... É o Lelé...

Até aquele momento, tudo estava indo bem.

– Lelé, eu preciso que você faça uma cópia de segurança de toda a nossa contabilidade e mande para o meu e-mail.

A ligação ficou muda por frações de segundos e os três amigos se entreolharam com expectativa.

Ninguém costumava contrariar as ordens do Corvo, por isso Lelé respondeu:

– Já estou enviando, chefe, já estou enviando...

– Ótimo! – respondeu Alemão finalizando a ligação e piscando para Sócrates.

Imediatamente Sócrates, que já havia rastreado a conta eletrônica do Corvo, pegou o *notebook* e começou a digitar números. Andrezinho e Alemão observavam tudo.

Na tela do *notebook* aparece a caixa de entrada do e-mail do Corvo. Sócrates clonou a caixa de entrada utilizando o mesmo endereço de e-mail.

A expectativa era grande e os três gritaram ao mesmo tempo, quando viram o e-mail enviado pelo Lelé com o arquivo contábil do Corvo sendo baixado para o *notebook* do líder dos A.N.J.O.S..

Nesse mesmo instante, Sócrates envia uma mensagem em código secreto para o celular de Otelo:

19-21-3-5-19-19-15 22-15-12-20-5-13 1 20-15-3-1

Jéssica, Nina e Otelo sorriem e retornam para a toca dos A.N.J.O.S..

# A TRAIÇÃO

Todos estão reunidos na toca em reunião decisiva.

– Precisamos agir o mais rápido possível e entregar esse arquivo para a polícia. – afirmou Alemão preocupado.

– Alguém conhece algum policial? – perguntou Andrezinho com preocupação.

– Por que precisamos conhecer algum policial? – indagou com curiosidade Nina.

– As coisas não são tão fáceis assim, Nina, existem vampiros também na polícia. – lamentou Andrezinho.

– Nesse caso podemos ser pegos dentro da própria delegacia? – assustou-se Jéssica.

– O Andrezinho tem razão, pessoal, precisamos pensar em uma saída, mas não podemos radicalizar, pois em sua maioria, os policiais defendem as leis protegendo a sociedade... – Sócrates asseverou.

Alguns minutos de silêncio e Jéssica afirmou:

– Já sei... Já sei...

– Fale logo, Jéssica; o que você já sabe? – Otelo perguntou curioso.

–Tenho um primo que é jornalista, se entregarmos a ele o arquivo contábil, certamente nada vai dar errado, ele representa a imprensa, com isso todo mundo vai ficar de olho.

– Ótima ideia, Jéssica! Parabéns! – alegrou-se Sócrates.

Todos concordaram com a ideia de Jéssica e decidiram agir assim.

Ficou estabelecido que Sócrates e Jéssica levariam um *CD* com os dados contábeis da gangue dos Vampiros.

Na redação do jornal...

– A história toda é essa, Leonardo, confiamos em você! – afirma Jéssica olhando fixamente nos olhos do primo.

– Pode deixar, Jéssica, eu vou levar esse *CD* à polícia junto com um fotógrafo, faremos a entrega documentando esse momento. Essa gangue vem comandando o tráfico e a violência em nossa cidade. Vamos acabar com eles.

– E quando você vai fazer isso, Leonardo? – Sócrates indagou.

– Hoje ainda tomarei as providências! Fiquem tranquilos! – o telefone toca e Leonardo vira as costas pra eles.

– Vamos indo, Jéssica!

Sócrates pega na mão da namorada e os dois saem.

– Eles acabaram de sair daqui...

– E te entregaram o arquivo?

– Sim, chefe, eles me entregaram o *CD* com toda a contabilidade...

– Muito bem, destrua esse *CD* imediatamente...

– Pode deixar, Corvo, vou destruir.

– Não me chame de Corvo pelo telefone, seu idiota!

– Desculpe, chefe... Já estou destruindo o *CD*...

– Eles não perdem por esperar, serão seguidos na saída do jornal por alguns vampiros.

Dentro do ônibus...

– Sócrates, a ideia do Alemão de falar com os primos dele do Rio Grande do Sul para receberem o Andrezinho por um tempo foi fantástica!

– É verdade, assim a poeira abaixa e mais tarde ele pode voltar.

– Nada como o tempo para ajudar...

– Agora eu quero saber é do tempo que você não me beija!

Dizendo isso, o líder dos A.N.J.O.S. envolve Jéssica em um abraço e lhe beija os lábios com carinho.

– Estamos chegando na rodoviária, Jéssica, vamos descer no próximo ponto!

O casal nem suspeita que é seguido por dois motoqueiros.

Na rodoviária, Otelo, Alemão, Nina e Andrezinho aguardam pelos dois.

– Entregaram o *CD* para o primo da Jéssica? – perguntou Otelo ansioso.

– Sim, tudo certo, agora precisamos esperar alguns dias, mas vamos acompanhar pela imprensa, a bomba vai explodir de hoje para amanhã. – destacou Sócrates.

Pode embarcar com tranquilidade, Andrezinho, e pode confiar no meu primo, ele vai te tratar como um irmão! – incentivou Alemão.

– Não tenho como agradecer vocês...

– Não precisa agradecer, Andrezinho...

– Preciso sim, Nina, vocês estão me devolvendo a vida, logo vou poder andar nas ruas sem medo de ser morto. Quando chegar ao Sul, vou procurar ajuda imediatamente para me livrar dessa tatuagem. – falou emocionado.

Em frente à rampa de embarque, os abraços se sucedem, pois o ônibus estaciona para recolher passageiros e bagagens.

De longe, folheando revistas em uma banca, uma dupla sinistra acompanha o grupo de amigos.

Pelo telefone celular, um dos vampiros recebe a ordem: "Sigam o ônibus e eliminem o traidor na primeira parada para lanche do veículo na estrada."

– E os outros garotos?

– Esqueça-os, já peguei o *CD,* agora quero que o traidor pague o preço.

– Certo, chefe, pode deixar!

As mãos estendidas em adeuses e os rostos felizes despedem-se de Andrezinho.

Todos voltam para a toca dos A.N.J.O.S..

Na estrada...

– O tempo para o café é de 15 minutos! – avisa o motorista.

Andrezinho, com sede, desce para tomar água e ir ao banheiro.

Os dois vampiros o seguem e, dentro do banheiro masculino, executam as ordens do Corvo, fugindo a seguir.

Jéssica, que conversava animadamente com os amigos, sente uma estranha sensação, e de olhos desmesuradamente abertos, fala:

– O Andrezinho está aqui se despedindo...

Todos se entreolham sem compreender.

– O quê, Jéssica? O que tem o Andrezinho? – segurando nas mãos dela, Sócrates pergunta.

– Estou vendo Andrezinho, ele está aqui se despedindo!

Ela estremece e todos se preocupam.

Imediatamente Alemão liga para o celular do amigo, que não atende.

– Ele não está atendendo, Alemão? – indagou Otelo.

– Chama e ninguém atende! – confirmou Alemão.

– Ele pode estar em uma região de serra, onde o celular fica fora de serviço... – tentou esclarecer Otelo.

Jéssica, recomposta, tomava um pouco de água.

Nesse instante, o celular do Alemão toca, um nome aparece, "Andrezinho chamando".

– Graças a Deus, é o Andrezinho! – avisa Alemão. – Ainda bem que eu dei um celular pra ele!

– Aqui é o policial Oscar, estou ligando para esse número que peguei na agenda desse celular que se encontrava em poder da vítima.

–Vítima??? – repetiu Alemão.

Todos os A.N.J.O.S., tomados de surpresa, angustiam-se.

– Infelizmente o jovem portador desse celular foi morto por dois homens no banheiro do posto de parada do ônibus em que ele viajava.

Alemão passa o telefone para Sócrates, que anotou todos os dados para que as providências fossem tomadas.

# REVELAÇÕES

Mesmo envolvidos pela tragédia da morte de Andrezinho, os A.N.J.O.S. ficaram acompanhando a repercussão da denúncia.

Para estranhamento de todos, nada foi noticiado na mídia.

Em reunião, os A.N.J.O.S. decidiram distribuir cópias de *CD* para três órgãos de imprensa, inclusive para o jornal onde o primo de Jéssica trabalhava, mas dessa vez a cópia foi entregue ao chefe dele, acompanhada de uma carta-denúncia contra o jornalista vampiro, que posteriormente foi demitido.

Um conceituado jornalista policial, chamado Laércio, foi quem levou o *CD* para a polícia.

Imediatamente os homens da lei cercaram a caverna prendendo o Corvo e seus vampiros.

A gangue foi desmantelada finalmente.

***

A morte de Andrezinho foi um trauma para todos, pois a amizade nasceu forte entre eles, mesmo convivendo tão pouco tempo juntos.

Mas o que chamava muito a atenção dos A.N.J.O.S., em particular surpreendia Alemão, era a reação da mãe dele diante da morte do Andrezinho.

Estranhamente, o pai de Andrezinho, que viera para o enterro do filho, também estava arrasado, ainda se encontrava hospedado em sua casa, e sempre era visto em conversas particulares com dona Rita.

Em um momento em que os A.N.J.O.S. estavam reunidos, dona Rita pediu para Alemão ir com seus amigos para a sala, onde ela e o pai de Andrezinho desejavam lhes falar.

Todos estranharam o convite, mas atenderam na hora.

O pequeno grupo de adolescentes reunidos com os dois adultos esperava com ansiedade.

Dona Rita, chorosa, iniciou a fala:

–Vou falar de um problema familiar, um erro do meu passado que afetou a todos...

– Não é melhor nós sairmos, dona Rita? – perguntou Sócrates.

– Não, prefiro que vocês fiquem aqui, assim eu tento minimizar o remorso que me consome, pedindo perdão ao meu filho na frente de todos os amigos mais queridos dele. Assim, vocês poderão entender para ajudar... – ela interrompe a fala tomada de emoção. – Preciso confessar algo muito grave.

– Mãe, fale logo, assim a senhora me deixa assustado...

– Eu preciso confessar que você e o Andrezinho eram irmãos de verdade...

Os jovens surpreendem-se com a revelação, e ela prossegue:

– Eu e o Afonso tivemos uma aventura antes do meu casamento com seu pai...

Tomando coragem, o pai de Andrezinho fala:

– Foi antes da sua mãe conhecer o seu pai, nós não planejamos nada disso...

– Filho, me perdoe...

– Eu não tenho o que lhe perdoar, mãe... Só lamento pelo meu irmão...

– Mas foi esse meu mais grave equívoco, filho. Eu o reneguei. Quando o Afonso se afastou de mim, deixei o Andrezinho na porta dos pais do Afonso para que eles cuidassem.

– Só que meus pais morreram pouco tempo depois e eu tive que assumir a criação do Andrezinho. Mas a vida nos colocou frente a frente outra vez... – ele também emocionou-se. – Quando mudei para uma casa vizinha à da sua mãe, foi uma surpresa para todos nós. Principalmente quando você e o Andrezinho se tornaram amigos que só queriam brincar juntos. Por isso decidi ir embora para Santos. Lamentavelmente seu pai ouviu uma conversa que tive com sua mãe, ele não compreendeu e infelizmente faleceu acreditando que fora traído.

– Perdão, filho...

– Mãe, eu não tenho o que perdoar, nem ao pai do Andrezinho, já disse que lamento por ele, é só isso. Não vou deixar de te amar por causa disso.

Surpreendendo a todos, Alemão se aproxima da mãe e beija-a de maneira carinhosa, com lágrimas nos olhos, afaga-lhe a cabeça.

Nesse momento a campainha da casa soa e Nina, sensibilizada com a cena, sai para atender.

Em instantes ela volta dizendo:

– Pessoal, é o jornalista policial Laércio junto com outro homem, eles pedem pra falar com todos nós! – antecipando-se, Alemão afirma:

– Mande-os entrar, Nina...

Curiosos, todos se entreolham sem compreender o motivo da visita.

Nina entra na frente conduzindo os recém-chegados.

– Boa tarde a todos, sou o jornalista policial Laércio e este é o investigador Alves.

– Aconteceu alguma coisa? – indaga Sócrates.

O investigador se adianta e responde:

– Fui o responsável pela operação que terminou no desmonte da gangue dos Vampiros. Sei que vocês tentaram ajudar a polícia na solução do problema, mas devo alertá-los que, mesmo imbuídos de boa intenção, não se pode justificar uma atitude errada com outra.

– Não estou entendendo, investigador, o que fizemos de errado? – Otelo interrompe curioso.

– A maneira como a operação foi realizada está errada. – continuou o investigador. – Vocês não podem se portar como *hackers* invadindo o sistema de quem quer que seja...

– Mas eles são traficantes! – interrompeu Otelo mais uma vez.

– Mesmo eles sendo traficantes, a atitude de vocês deflagrou um processo que pode ter levado à morte do Andrezinho.

As afirmações do investigador Alves caíram como uma bomba na cabeça do grupo.

– Não se combate foras-da-lei agindo fora da lei! Vocês deveriam ter procurado a polícia e levado o Andrezinho à presença das autoridades, ele seria incluído no programa de proteção a testemunhas e com isso estaria protegido.

Após essas palavras do investigador, o silêncio se impôs, até que:

– A responsabilidade é minha. – adiantou-se Sócrates com lágrimas nos olhos. – Fui eu o responsável pela operação.

– A responsabilidade é nossa. – intervém Alemão. –Você não fez nada sozinho!

Retomando a palavra, Sócrates afirma:

– Eu disse ao grupo que deveríamos agir com inteligência, sem violência. Mas a nossa inexperiência e precipitação nos levaram a agir assim. Erramos! Peço desculpas!

– É claro que esse grupo de marginais tentaria eliminar o Andrezinho de qualquer maneira, mas teriam mais dificuldades com a polícia envolvida no caso. Pensem nisso, um erro não justifica outro!

– Isso não irá acontecer mais! – Jéssica fala com tom grave na voz.

– Espero que vocês não se envolvam em novas situações como essa! – aconselha o jornalista policial.

– Nós agradecemos a sua orientação, investigador Alves. – estendeu a mão Sócrates, respeitosamente.

Pegando um cartão do bolso do paletó surrado, Alves entrega ao líder dos A.N.J.O.S. e diz:

– Espero que vocês nunca mais se envolvam em situações como essa, mas contem com um amigo se precisarem.

– Obrigada, investigador! – Nina agradeceu sorrindo.

– Era isso, meninos! Não se envolvam mais em situações de risco! Eu tinha que trazer o Alves até aqui para conhecer vocês.

Jornalista e investigador se retiram.

Dona Rita e Afonso nada comentam, pois sentem que os jovens tinham recebido um forte impacto com as orientações recebidas.

A revelação da mãe do Alemão foi absorvida com naturalidade por ele, que comentou com os amigos:

– Demonstrei maturidade com as revelações da minha mãe, mas todos agimos sem o devido cuidado na denúncia da gangue dos Vampiros.

– Aprendemos de maneira dura que devemos agir com inteligência, sem violência, mas respeitando as leis. Como disse o investigador; um erro não justifica o outro.

# A·T·É B·R·E·V·E
# 1·20·5 2·18·5·22·5

Os aplausos eclodem e os atores curvam-se, fazendo o gesto característico de agradecimento.

A peça "Pluft, o Fantasminha" mais uma vez era aclamada, como o maior sucesso dramatúrgico para o público infantil.

Otelo tinha representado com muita leveza o papel do fantasminha que tinha medo de gente.

Muitos pais aproveitaram o domingo para levar os filhos ao teatro. A maioria pela primeira vez.

Todos os A.N.J.O.S. haviam comparecido para aplaudir o amigo Otelo.

Jéssica e Sócrates não se largavam, onde estava um, podia se ter a certeza de que o outro estava por perto.

Após a morte de Andrezinho e da visão que Jéssica teve do amigo se despedindo, o grupo dos A.N.J.O.S. teve a certeza de que outras forças, invisíveis aos olhos humanos, também influenciam a vida das pessoas, seja para o bem ou para o mal.

Essa foi a primeira aventura desse grupo de amigos, que, além de estudarem juntos, adquiriram a consciência de que vivem em uma sociedade, onde todos podem fazer algo pelo bem comum.

Mais tarde...

Reunidos na toca dos A.N.J.O.S., Otelo pega o violão e convida os amigos para cantarem juntos uma música que eles gostam muito.

Alemão, imitando a voz do vocalista do famoso grupo, alegra a todos.

*"Ainda que eu falasse*
*A língua dos homens*
*E falasse a língua dos anjos*
*Sem amor, eu nada seria...*

*É só o amor, é só o amor*
*Que conhece o que é verdade*
*O amor é bom, não quer o mal*
*Não sente inveja*
*Ou se envaidece*
*O amor é o fogo*
*Que arde sem se ver*
*É ferida que dói*
*E não se sente*
*É um contentamento*
*Descontente*
*É dor que desatina sem doer...*

*Ainda que eu falasse*
*A língua dos homens*
*E falasse a língua dos anjos*
*Sem amor, eu nada seria...*

*É um não querer*
*Mais que bem querer*
*É solitário andar*

Legião

*Por entre a gente*
*É um não contentar-se*

*De contente*
*É cuidar que se ganha*
*Em se perder...*
*É um estar-se preso*
*Por vontade*
*É servir a quem vence*
*O vencedor*
*É um ter com quem nos mata*
*A lealdade*
*Tão contrário a si*
*É o mesmo amor...*

*Estou acordado*
*E todos dormem, todos dormem*
*Todos dormem*
*Agora vejo em parte*
*Mas então veremos face a face*
*É só o amor, é só o amor*
*Que conhece o que é verdade*

*Ainda que eu falasse*
*A língua dos homens*
*E falasse a língua dos anjos*
*Sem amor, eu nada seria..."*

Composição Monte Castelo: Renato Russo
(recortes do Apóstolo Paulo e de Camões)

Após a música, todos colocam a mão direita uma sobre as outras, e dizem em uma única voz:

– A.N.J.O.S.!!!

O que o futuro reserva a esse grupo de jovens, ninguém sabe, mas eles agora reconhecem a força que têm quando resolvem ajudar alguém.

Jéssica procurou estudar o Espiritismo com a professora Alice, chegando a participar de um centro espírita e fazendo parte de um grupo de jovens que educava suas potencialidades mediúnicas.

Os A.N.J.O.S. interessaram-se pelo assunto e o conhecimento das verdades e leis espirituais, que certamente os ajudarão no auxílio de outros jovens.

Como eles utilizarão esses conhecimentos, nós ainda iremos saber.

INFORMAÇÕES SOBRE OS PRÓXIMOS LANÇAMENTOS

Para receber informações sobre os lançamentos da
INTELÍTERA EDITORA,
basta cadastrar-se diretamente no site

**www.intelitera.com.br**

Para saber mais sobre nossos títulos e autores, bem como enviar seus comentários sobre este livro, visite o nosso site

**www.intelitera.com.br**

ou mande e-mail para

**atendimento@intelitera.com.br**

Visite o blog da Intelítera Jovem

**inteliterajovem.blogspot.com.br**

Curta nossa fan page

**facebook.com/inteliterajovem**

Este livro foi impresso na
LIS GRÁFICA E EDITORA LTDA.
Rua Felício Antônio Alves, 370 – Bonsucesso
CEP 07175-450 – Guarulhos – SP
Fone: (11) 3382-0777 – Fax: (11) 3382-0778
lisgrafica@lisgrafica.com.br – www.lisgrafica.com.br